인문학
상식에
딴지걸다

인문학 상식에 딴지걸다

안드레아 배럼 지음 | 장은재 옮김

라의눈

◆프롤로그◆

얼마 전에 내가 훑어본 한 역사책에는 보아디케아 여왕이 낫이 달린 마차를 몰았다고 적혀 있었다. 단언컨대, 보아디케아 여왕은 그런 적이 없다. 그 책에는 로마의 콜로세움에서 기독교 신자들이 사자에게 던져졌다고 적혀 있다. 물론, 그런 일도 없었다. BBC 방송의 어린이 대상 퀴즈 게임Junior Mastermind에서는 월터 롤리 경Sir Walter Raleigh이 신대륙에서 감자와 담배를 영국으로 가져왔다고 알려주고 있었다. 글쎄, 롤리 경은 북아메리카에 갔던 적도 없다.

그런데 이런 뚱딴지같은 이야기들이 우리들의 집단 무의식에 깊이 각인되어 실제와는 상관없이 '~라고 하더라'는 주장을 통해 우리 역사의 일부가 되고 말았다. 나는 이 책에서 80여 개의 역사상 착오와 오류 뒤에 숨겨진 진실을 열심히 까발릴 작정이다. 그래서 '~라고 하더라'로 만들어진 역사를 영원히 폐기처분하는 것이 나의 목표이다. 근거도 없고, 지속되어야 할 이유도 없는 역사적 오류를 왜 되풀이해야 할까? 거짓과 오류를 되풀이하는 일은 정치인들이 하는 것만으로도 충분하다.

안드레아 배럼Andera Barham

CONTENTS

프롤로그 • 5

1
아주 오래된 거짓말 • 11

바이킹은 뿔 달린 투구를 썼다? | 검투사는 모두 남자였다? | 노예들이 이집트의 피라미드를 건설했다? | 로도스의 거상 아래로 배들이 지나다녔다? | 콜로세움에서 기독교도들이 사자에게 던져졌다? | 클라우디우스 황제를 죽인 것은 작은 깃털이었다? | 콘스탄티누스 대제는 덕망 높은 통치자였다?

2
짝퉁 왕과 아리송한 여왕들 • 31

아서 왕에게는 원탁이 있었다? | 크누트 왕은 어리석게도 바닷물을 막으려 했다? | 엘리자베스 1세는 나무 틀니를 했다? | 보아디케아 여왕은 낫이 달린 마차를 몰았다? | 클레오파트라는 굉장한 미인이었다? | 앤 불린은 유방이 세 개였다? | 빅토리아 여왕의 이름은 빅토리아였다?

3
전쟁에 대한 허튼소리들 • 57

벙커힐 전투는 벙커힐에서 벌어졌다? | 몽스 전투에서 천사들이 연합군을 도왔다? | 300명의 스파르타 병사가 페르시아 대군을 물리쳤다? | 볼셰비키가 황제의 겨울궁전을 급습했다? | 영국이 싱가포르를 잃은 것은 대포의 방향 때문이다?

4
의심스러운 민중의 영웅들 · 73

로빈 후드는 셔우드 숲에 살았다? | 미국의 개척자 다니엘 분은 포악한 살육자였다? | 윌리엄 텔은 아들 머리에 놓인 사과를 쏘았다? | 폴 리비어는 말을 달리며 '영국놈들이 온다'고 외쳤다?

5
거짓투성이 정치가들 · 91

링컨은 편지 봉투 뒤에 게티스버그 연설문을 썼다? | 무솔리니가 이탈리아 열차를 정시 운행하게 만들었다? | 윈스턴 처칠은 여자 화장실에서 태어났다? | 넬슨 제독은 트라팔가 해전에서 죽기 원했다? | 나폴레옹은 키가 작았다? | 히틀러는 페인트공이었다?

6
천사거나 악녀거나, 역사의 히로인들 · 109

고다이바 부인은 알몸으로 말을 타고 달렸다? | 아나스타샤는 볼셰비키의 학살을 피해 살아남았다? | 포카혼타스는 탐험가 존 스미스와 결혼했다? | 마타 하리는 노련한 스파이였다? | 나이팅게일은 크림 반도에서 부상병을 간호했다? | 칭기즈 칸은 탕구트 공주에 의해 거세당해 죽었다? | 루크레치아는 남편들을 독살했다?

7
오류의 탐험가들 · 133

카르나본 경은 '파라오의 저주'에 희생됐다? | 월터 롤리 경이 신대륙에서 담배를 가져왔다? | 리빙스턴 박사는 콩고에서 길을 잃었다? | 쿡 선장은 하와이의 식인종에게 먹혔다? | 신대륙에서 감자를 가져온 것도 워터 롤리 경이었다?

8

근거 없는 황당한 주장들 · 151

마녀임을 확인하기 위해 여자들을 물속에 처박았다? | 스코틀랜드의 클랜 타탄은 고대의 유물이다? | 올림픽은 고대 그리스 때부터 정기적으로 열렸다? | '보스턴 차 사건'은 세금에 대한 저항이었다? | 미국의 공식 언어로 독일어가 선택될 뻔했다? | 플레밍은 두 번이나 처칠의 목숨을 구했다? | 황제의 손가락 때문에 굽은 철도 노선이 만들어졌다? | 2차 대전 중 군인들에게 성욕 억제 음식이 배급되었다?

9

왕들의 가짜 신화 · 175

로버트 1세는 거미를 보고 잉글랜드를 물리쳤다? | 리처드 3세는 꼽추였다? | 헨리 8세는 여섯 명의 부인을 두었다? | 소년 왕 에드워드 6세는 태어날 때부터 병약했다?

10

뒤죽박죽 군대 이야기 · 191

'양키 두들'은 미국 독립전쟁에서 시작되었다? | 나치의 스와스티카는 악운을 나타내는 상징이다? | 기마 조각상의 발굽이 기수의 운명을 알려준다? | 미국 시민들은 무기를 휴대할 권리를 갖고 있다?

11
혼동하기 쉬운 발명과 발견 · 205

후버가 진공청소기를 발명했다? | 피타고라스의 정리는 피타고라스가 발견했다? | 몰로토프가 몰로토프 칵테일을 개발했다? | 로버트 번센이 번센 버너를 발명했다? | 노벨이 니트로글리세린을 발명했다? | 벤자민 프랭클린은 폭풍우 속에서 연을 날렸다? | 실험실의 곰팡이 핀 빵에서 페니실린을 발견했다? | 에드먼드 핼리가 핼리 혜성을 발견했다? | 찰스 다윈은 조롱이 두려워 진화론 출간을 연기했다?

12
밑도 끝도 없는 잘못된 인용 · 231

발명될 수 있는 것은 다 발명됐다! | 악이 승리하기 위해 필요한 것은 오직 선량한 사람들이 아무것도 하지 않는 것뿐이다! | 일어나라 근위대, 그리고 돌격하라! | 전리품은 승자의 것이다! | 세 가지 거짓말이 있다. 거짓말, 심한 거짓말, 그리고 통계! | 해군의 전통? 럼주와 남색과 채찍이지! | 대표 없는 과세 없다! | 나 죽은 뒤에 홍수가 나든 말든!

13
의심스러운 성인과 신앙 · 243

잉글랜드의 수호성인 성 조지는 잉글랜드 사람이었다? | 아일랜드의 수호성인 성 패트릭은 아일랜드 사람이었다? | 성 토머스의 철자는 Thomas à Becket이다? | 성 캐서린은 못이 박힌 바퀴 위에서 순교했다? | 조안이란 이름의 여자 교황이 있었다? | 교황 베네딕트 9세는 열두 살에 교황이 되었다? | 다윗의 별은 고대 히브리인들의 상징이다?

1.
아주 오래된
거짓말

•••바이킹은 뿔 달린 투구를 썼다?

만약 당신이 할로윈데이에 바이킹으로 분장할 예정이라면, 가장
먼저 뿔 달린 투구를 찾지 않을까? 북유럽 신화에 나오는 발키리
Valkyrie나 바그너의 오페라『니벨룽겐의 반지』에서 여주인공으로
활약하는 브륀힐데Brünhilde는 언제나 뿔 달린 투구를 쓴 모습이
다. 무시무시한 바이킹 전사 헤가가 주인공인 애니메이션(*Hägar
the Horrible, 1973년에 나온 미국 만화-옮긴이)에도 뿔 달린 투구를 쓴 완
벽한 바이킹이 등장한다. 하지만 뿔 두 개가
특징인 이 흔해 빠진 바이킹의 투구는 명
백한 오류다.

제임스 그레이엄-캠벨James
Graham-Campbell은『바이킹의 세계
The Viking World』에서 '바이킹의 투
구엔 뿔이 없다'고 분명히 밝히고 있

다. 『바이킹과 그 기원Vikings and their Origins』이란 책의 저자인 크리스 웹스터Chris Webster는 이렇게 설명한다. '바이킹을 묘사한 그림에는 뿔이 달렸거나 날개가 달린 투구가 등장하지만, 그런 투구는 발견된 적이 없다. 가난한 바이킹 전사들은 단순한 원추형 투구를 쓰거나, 가죽으로 된 모자를 썼다.' 『바이킹과 그 기원』을 읽어 보면, 바이킹 투구에 뿔이 달려 있다는 이 흔한 오류가 생기게 된 첫 번째 이유는 다른 북유럽 문화에서 발견된 초기 골동품의 연대를 잘못 적용했기 때문이다. 두 번째는 오딘 Odin에게 바쳐진 전사의 모습에서 유래된 것으로 추정된다. 웹스터에 따르면 바이킹의 투구에는 까마귀(오딘의 새)가 왼쪽이나 오른쪽으로 날개를 펴고 있는 모습이 그려진 경우가 많았다고 한다. 투구에 그려진 까마귀의 날개는 뿔로 착각하기 쉬웠을 것이다. 특히나 옆에서 볼 때는 까마귀의 머리와 날개를 구분하기 힘들었다는 것이 웹스터의 주장이다.

A. F. Harding은 『청동기 시대의 유럽 사회European Societies in the Bronze Age』에서 뿔 달린 투구의 기원에 대해 밝히고 있다. 코펜하겐의 덴마크 국립박물관에 소장되어 있는 2개의 아름다운 청동 투구는 질랜드Zealand의 비크소Viksø에서 발견되었는데, 바이킹 출현 이전 북유럽에서 사용된 것이라 한다. 이들 투구에 달린 좁게 휘어진 뿔의 길이는 투구 길이의 두 배에 달하고, 의전용으로 사용됐을 가능성이 크다는 것이다. 문제의 투구들을 일상에서

착용했다면 거추장스럽기 짝이 없었을 것이다. 청동기가 끝난 것이 기원전 1,000년경이고, 바이킹의 시대가 기원후 9세기에 시작됐다는 것을 감안하면, 바이킹이 뿔 달린 투구를 썼다고 주장하는 것은 거의 2,000년 가까운 시간을 무용지물로 만드는 대단한 착각임에 틀림없다. 뿔이 달린 투구가 2,000년 동안 유행했다고 고집을 부린다면 할 말이 없지만…….

다음번에 당신이 바이킹 복장을 해야 한다면, 굳이 뿔 달린 투구를 써야 할 의무가 없다는 사실을 기억하기 바란다. 뿔 달린 투구만 쓰지 않아도 대중교통을 이용할 때 훨씬 편할 것이다.

●●●검투사는 모두 남자였다?

검투사라는 영어 단어 'gladiator'의 여성형은 'gladiatrix'이다. 여성형이 있다는 것은 당연하게도 여성 검투사가 있었기 때문이다. 의외로 여성 검투사들은 대개가 상류 계급 출신으로 스릴을 즐기는 사람들이었다. 『검투사: 기원전 100년-기원후 200년Gladiators: 100 BC–AD 200』이란 책에서 스티븐 위즈덤Stephen Wisdom은, 로마 작가 페트로니우스 아비테르Petronius Arbiter가 당시 지배 계층이었던 원로원의 한 여성이 검투사였다는 사실을 언급한 적이 있다고 밝혔다. 여성 검투사가 이례적인 것은 사실이다. 1세기 말경 로마에서 활동한 자서전 작가 수에토니우스 Suetonius는 『도미탄의 삶Life of Domitian』이란 작품에서 '도미탄 황제가 무대에 오르자…… 횃불 아래서 검투사들의 싸움이 시작되었고, 그들 중에는 여자들도 있었다'라고 서술하고 있다. 로마의 풍자가 유베날리스Juvenalis는 여성 검투사란 말에 질겁한다. 『풍자 6: 여인의 길Satire VI: The Ways of Women』에서 유베날리스는 이렇게 개탄한다. '여성임을 포기하고, 투구를 쓰고 힘쓰는 재주에 기쁨을 느끼는 여자에게…… 어떻게 정숙함을 기대할 수 있겠는가?' 그로부터 100년 후에 로마 역사를 쓴 카시우스 디오Cassius Dio는 네로 황제가 개최한 호사스런 축제에 대해 이렇게 서술하고 있다. '여자 검투사

들 중 일부는 자신이 원해서, 일부는 어쩔 수 없는 사정으로 인해 격투를 벌였다.' 디오는 검투사들의 잔혹성에 대해서는 문제 삼지 않았다. 다만 '양식 있는 사람이라면 누구나 개탄했다…… 막대한 비용 지출을'이라고 언급했다. 티투스Titus 황제조차 자신이 개최한 축제를 기꺼워하지 않았다고 한다. 무려 9,000마리의 가축과 야생동물이 죽어 나갔는데, 그중에

는 비록 소수라 해도, 여자들이 죽인 동물도 포함되어 있었다.

위즈덤은 두 명의 여성 검투사가 새겨진 대리석판이 대영박물관에 소장돼 있다고 한다. 두 여성 검투사 중 한 명은 석판에 새겨진 예명에 따라 아마조니아Amazonia로 불린다. 위즈덤의 서술에 따르면, 검투사들이 경기장 안에서 난도질당하는 것은 일상이었지만 '가슴을 드러내고 싸우는 여성 검투사의 모습을 보는 일'은 대중의 정서에 맞지 않았다고 한다. 여성 검투사들이 어떤 식으로 가슴을 싸매고 싸웠는지를 기록한 자료들도 존재한다고 전해진다.

시간이 갈수록 여자 검투사에 대한 제약은 심해졌다. 『검투사: 영화와 역사Gladiator: Film and History』란 책의 도입부에는 서기 19년 '타뷸라 라리나스Tabula Larinas'라는 제목으로 발령된 포고문을 소개하고 있다. '스무 살 미만, 자유 계급 출신 여자들은 검투사가 되는 것이 허용되지 않는다.' 이는 검투 스포츠에 내재된 위험 때문만이 아니다. 양가집 여인들이 경기장 안에서 격투를 벌이는 것이 존경받을 만한 일이 아니라는 인식 때문이기도 했다.

앨리슨 퍼트렐Alison Futrell은 『로마 사람들의 게임The Roman Games』이란 책에서 여자 검투사가 사라지게 된 배경을 자세히 설명하고 있다. 3세기에 들어 셉티무스 세베루스Septimius Severus 황제는, 관중들이 상류 계급 출신의 여성들에게 불경스런 언사를 내뱉는 것을 보고, 여성이 검투사로 출전하는 일을 금지했다. 이후 여성이 검투사로 나서는 일은 없었다. 수백 마리의 동물, 수백 명의 범죄자가 눈앞에서 도살되는 것은 괜찮았지만, 양가집 출신 여자들의 성적(性的) 능력에 대해 수군대는 것은 참을 수가 없었던 모양이다.

˙˙˙˙노예들이 이집트의 피라미드를 건설했다?

고대의 7대 불가사의 중 하나인 피라미드에 대한 가장 큰 의문은 도대체 누가 이 거대한 건축물을 만들었냐는 것이다. 이집트의 노예들이 피라미드를 건설했다고 주장한 최초의 인물은 기원전 5세기에 활동한 그리스의 역사가 헤로도투스Herodotus였다. 그는 『역사Histories』 제2권에서 쿠푸 왕의 이야기를 꺼낸다. 기원전 26세기의 이집트 파라오였던 쿠푸는 모든 백성들이 왕을 위해 노예로 봉사할 것을 강요했다고 한다. 헤로도투스는 쿠푸 왕이 능히 그런 일을 벌일 사악한 왕이었다고 덧붙인다. 쿠푸 왕은 한 번에 10만 명씩, 3개월 동안 일할 수 있는 노동력을 소유하고 있었다. 그는 이 야심만만한 계획을 밀어붙일 자금이 떨어지면, 자신의 딸들에게 몸을 팔게 해서라도 자금을 모았다고 전해진다. 하지만 바버라 워터슨은 『이집트인들The Egyptians』이란 책에서 헤로도투스의 주장은 입증될 수 없는 것이라고 일축했다.

　『고대 이집트의 일상생활Everyday Life in Ancient Egypt』이란 작품

에서 존 먼칩 화이트Jon Manchip White는 다음과 같이 쓰고 있다. '쿠푸 왕 시대에 노예 신분인 사람은 소수였으며, 노예 숫자가 많았던 적이 결코 없다. 노예들은 거의 예외 없이 외국인 포로들이었다. 일반 평민들이 노예로 팔리는 일은 거의 없었다. 피라미드 건설에 동원됐던 사람들도 대다수가 평민이었고, 노예는 아주 일부였을 것으로 추정된다.'

헤로도투스보다 500년쯤 후에 활동했던 유대인 랍비이자 역사가인 플라비우스 요세푸스Flavius Josephus는『유대인의 유물 Antiquities of the Jews』에서 피라미드를 건설한 사람들은 이집트인이 아니라 히브리인이었다는 주장을 편다. '이집트인은 히브리인에게 엄청난 악감정을 갖고 있었다. 그들은 히브리인의 번영에 시기심이 발동한 나머지, 그들을 시켜 피라미드를 건설하게 했다.' 플라비우스의 설명에 따르면, 이 환란으로 히브리인들은 400년을 낭비했다고 한다. 그러나 플라비우스의 주장을 믿기에는 시간의 편차가 너무 크다. 즉 기자의 피라미드는 기원전 2649년부터 기원전 1640년 사이에 건설됐고, 모세와 히브리 노예들이 이집트로부터 탈출한 것은 기원전 1300년경의 일이다.

『건축의 역사History of Architecture』를 쓴 스피로 코스토프Spiro Kostof는 이렇게 말한다. '피라미드를 노예 노동, 그리고 억압적 착취의 결과로 간주하는 것은 자제해야 한다. 피라미드들은 노련한 석공과 기술자들의 노동력에 의해 건설되었기 때문이다.'

워터슨은 피라미드 건설에 대규모 비숙련 노동이 투입되었고, 이에 필요한 노동자는 나일 강이 범람하는 계절 동안 농사를 지을 수 없었던 농부들로 충당됐다는 주장에 동의한다. 코스토프는 7월 말부터 10월 말까지 벽돌을 나르기 위한 추가 노동력이 징발되었는데, 이 시기는 나일 강이 범람해 백성들 대부분이 빈둥거렸던 기간이었다고 덧붙인다. 워터슨은 그 같은 노동의 대가로 백성들은 식량을 배급받았고, 가족의 생계를 유지할 수 있었다고 주장한다. 그의 말이 사실이라면 이집트의 피라미드 건설은 백성들의 복지를 염두에 둔 일자리 창출 프로젝트처럼 보이기도 한다.

『피라미드들』이란 책에서 미로슬라프 베르너Miroslav Verner는,

피라미드를 건설한 기술자들이 중세 유럽의 '장인조합'에 비견할 만한 전문가들이었다고 주장한다. 코스토프는 이렇게 덧붙였다. '고대 공동체의 비전과 단합은 기념물을 세우는 작업에서 시작되었다. 스톤헨지 같은 것도 이와 유사하다. 기자의 피라미드들은 희망의 기념물이었다.'

피라미드 건설의 비밀이 누설되는 것을 막기 위해 건설에 참여했던 노예들을 피라미드 안에 산 채로 묻어 버렸다는 이야기에 대해, 워터슨은 이런 근거 없는 괴담이 이네니Ineni(*기원전 16세기 투트모시스 1세의 무덤을 세운 건축가-옮긴이) 무덤의 명문(銘文)에서 시작되었다고 한다. 명문에 따르면 람세스 9세가 투트모시스 1세의 무덤 건설을 감독했고, 마지막에 아무도 보지 못하고 듣지 못한 상태에서 무덤이 건설되었는지를 확인했다고 적혀 있다. 워터슨은 무덤 건설 노동자들이 소모품이었다는 이야기는 어불성설이라고 단언한다. 왕의 무덤을 건축한 사람들은 숙련되고 대접 받는 기술자들이었고, 그들은 마음껏 특권을 누리는 생활을 했다는 것이다. 사실 람세스 3세의 장제전인 메디넷 하부 신전을 지을 때, 노동자들은 건축 자재의 공급이 끊어진 것에 대해 항의했고, 그들의 주장이 무시되자 파업에 들어갔다. 이 파업은 역사에 기록된 최초의 연좌 농성이라 할 수 있다.

•••로도스의 거상 아래로 배들이 지나다녔다?

고대 그리스의 도시 로도스에는 태양의 신 헬리오스의 거대한 조각상이 서 있었다. 이 조각상은 기원전 280년 경, 마케도니아의 오랜 포위 공격을 물리친 것을 기념해 조각가인 카레스Chares of Lindos가 만든 것이다. 카레스는 석재로 뼈대를 만들고 철재로 보강한 다음, 그 위에 청동을 입혔다. 거상의 높이는 70큐빗, 즉 32미터 정도였다고 한다.

거상을 묘사한 그림들은 대부분 항구에 다리를 벌리고 서 있는 거상의 다리 밑으로 배들이 항해하는 모습을 보여준다. 정말 그랬다면 참으로 장관이었을 것이다. 특히나 아무 생각 없이 있다가 예기치 않은 순간에 이 거상을 올려다보게 된 선원에게는 대단한 충격이었을 것이다. 윌리엄 셰익스피어는 이 같은 묘사가 진실임을 믿어 의심치 않았던 것 같다. 그의 희곡『줄리어스 시저』에서 시저는 다음과 같이 읊는다.

왜, 사람은, 좁은 세상에 다리를 벌리고 앉는가.
로도스의 거상처럼; 그리고 우리 하찮은 인간들은
그의 거대한 다리 밑으로 걸어가며, 훔쳐본다.
우리 자신의 수치스러운 무덤을 찾아내기 위해

『그리스의 등대들The Lighthouses of Greece』이란 책의 공저자인 와이어Wire와 레이에스-페르지우다키스Reyes-Pergioudakis는 이런 비유가 잘못되었다고 지적한다. '역사가들은 다리를 벌린 자세를 환타지라고 일축했다. 조각상은 항구의 양쪽 방파제에 발판을 놓고 세울 만큼의 높이가 되지 않았기 때문이다. 아마도 그 조각상은 오늘날의 아기오스 니콜라오스 Agios Nikolaos 등대 근처에서 항구를 내려다보며 호령하는 자세로 서 있었을 것이다.' 건축가 및 기사들 대부분도 거상은 양발을 방파제 위에 단단히 딛고 다리를 쭉 편 자세였음이 틀림없다고 주장한다.

안타깝게도 조각상은 현재 존재하지 않으니 확인할 길이 없다. 1세기의 역사학자 플리니우스 장로는 자신의 책『박물지 Naturalis Historia』에서 거상의 잔해를 본 경험을 이렇게 기록했다. '거상의 엄지손가락은 웬만한 사람의 한 아름이 넘을 정도였다. 손가락들은 웬만한 조각상의 키보다 컸고, 부서진 몸통 내부에는 거대한 동굴들이 입을 벌리고 있었다.' 조각상은 세워진 지 50년 쯤 지나 지진에 의해 쓰러졌다고 한다. 당시 로도스에 살던 사람들은 땅이 진동하는 것을 느끼자마자 엄청난 속도로 언덕으로 달려가야 했을 것이다.

***콜로세움에서 기독교도들이 사자에게 던져졌다?

아동용 교과서의 로마 시대 콜로세움 편에는 '특별한 날, 원형경기장에서 열리는 공연을 보기 위해 대중들이 구름처럼 몰려들었다'는 구절이 있다. 이 이야기의 초반부는 기독교도, 범죄자, 노예들이 사자가 버티고 있는 경기장에 던져졌고, 어떻게 사자에게 쫓기고 상처 입고 살해당했는지에 대해 자세하게 설명하고 있다. 마크 트웨인도 1869년 작품 『철부지의 여행기The Innocents Abroad』에서 같은 실수를 범하고 있다. 그의 작품에 수록된 구절이다. '검투사들의 싸움과 여러 가지 볼거리들에 더해서, 로마사람들은 때때로 자기들이 증오하는 종파(기독교도)를 콜로세움의 무대에 던져 넣었고, 그러면 맹수들이 그들에게 달려들었다. 그곳에서 7만 명의 기독교도가 순교한 것으로 추정된다.'

전후 사정을 살펴보면, 서기 64년에 있었던 네로 황제의 기독교 박해 당시에 기독교도들이 콜로세움에서 희생되는 일은 불가능했을 것이다. 당시엔 원형경기장을 짓는 중이었으니까 말이다. 콜로세움은 서기 80년이 돼서야 티투스 황제(동물을 도살하는 쇼를 펼친 장본인이다)에 의해 개장됐고, 그때는 이미 기독교도에 대한 박해가 상당한 정도 약화된 상태였다. 『콘사이스 옥스퍼드 기독교 교회 사전Concise Oxford Dictionary of the Christian Church』의 기록에 따르면 기독교도에 대한 로마의 박해가 아주 없어지지는 않았지만, 3세기까지 아주 가끔씩 발생했고 별것이 없었다고 한다.

제퍼스James S. Jeffers는 『신약 성경 시대의 그리스-로마 세계The Greco-Roman World of the New Testament Era』에서 이렇게 밝히고 있다. '수백 명, 혹은 수천 명일 수도 있는 로마인 기독교도들이 네로의 박해 때 목숨을 잃었다. 하지만 콜로세움에서 일어난 사건은 하나도 없었다.' 운터브링크Daniel T. Unterbrink는 자신의 저서 『갈릴리 사람 유다Judas the Galilean』에서 이렇게 주장한다. '로마의 콜로세움은 기독교도 박해 사건이 있은 지 5년이 지난, 서기 69년에야 완공됐다. 네로 황제는 64년 박해 당시, 로마의 유명한 광장 서커스 막시무스Circus Maximus에 처형대를 설치했다.'

콜로세움에서 사자의 밥이 됐다고 전해지는 가장 유명한 순교자는 안티옥의 성 이그나티우스St Ignatius of Antioch다. 하지만 『가

톨릭 백과사전Catholic Encyclopaedia』은 성 이그나티우스가 콜로세움에서 순교했다는 결정적인 증거는 전혀 없음을 인정한다. 델레하베S. J. Delehave 신부가 사건에 관련된 문헌들을 철저히 조사 검토했으나, 콜로세움을 기독교도들의 소중한 기념물에 포함시키는 일은 역사적 근거가 없다고 결론 내렸다는 것이다.

가톨릭 백과사전에는 이런 엉터리 정보가 언제 만들어졌는지에 대한 단서가 숨어 있다. 16세기의 교황인 피우스 5세Pius V는 성물(聖物)을 갖고 싶어 하는 사람들에게 콜로세움 경기장의 모래를 가져가라고 권유했다고 한다. 그때부터 사람들의 머릿속에는 콜로세움과 '순교자의 피'라는 이미지가 연결되기 시작했다. 1653년 골동품 전문가 피오라반테 마르티넬리Fioravante Martinelli 는 자신의 작품『이교도로부터 신성해진 로마Roma ex Ethnica Sacra』에서, 콜로세움이 기독교도들이 순교한 가장 신성한 장소라고 주장한다. 만약 지금까지도 콜로세움의 흙을 성스럽다고 여기는 사람이 있다면, 생각을 바꾸기 바란다. 흙은 그냥 흙일 뿐이다.

•••클라우디우스 황제를 죽인 것은 작은 깃털이었다?

로마의 황제 클라우디우스는 우스꽝스럽게 죽은 사람의 목록에 단골로 이름을 올리는 사람 중 하나다. 서기 54년 예순네 살의 황제를 죽음에 이르게 한 것은 작은 깃털이었다고 전해진다. 1세기 말의 역사학자 수에토니우스가 쓴『클라우디우스의 생애 The Life of Claudius』란 책에는, 과식한 황제가 입을 헤 벌린 채 반듯이 누워 곯아떨어진 모습이 그려져 있다. 깃털을 이용해 문제를 해결하고자 했던 주치의의 생각엔 일리가 있어 보인다. 수에토니우스에 따르면, 클라우디우스 황제가 과식을 했을 때마다 깃털 한 개를 황제의 목구멍에 집어넣어 뱃속에 든 것을 게워내게 했다고 한다. 소화제의 강림을 신께 감사할지어다! 여담이지만 'vomitorium'이란 단어로 인해, 마치 로마에는 음식을 토하는 방이 있었다고 상상하게 하지만, 사실은 그렇지 않다.『옥스퍼드 영어 사전』은 'vomitorium'이 고대의 극장에서 좌석으로 이동할 때 사용되는 통로나 공간이라고 설명한다. 1965년 리처드 에버하트Richard Eberhart의 작품『시선Selected Poems』도 'vomitorium'이란 단어를 잘못 사용하고 있다. 그 책의 저자는 '착하지 애야! 뱃속의 것을 모두 꺼내놓는구나. 이제부터는 모든 공간이 너의 토하는 방(vomitorium)이 되겠구나!'라고 쓰고 있다.

수에토니우스는, 황제가 음식을 토하기 위해 깃털을 이용하다 질식사 했다는 주장도 있지만, 대부분의 사람들은 그가 독살 당했다고 믿는다고 밝히고 있다. 역사학자이자 철학자인 세네카 Seneca가 클라우디우스 황제가 죽은 해에 썼을 것으로 추정되는 『아포콜로킨토시스Apocolocyntosis』를 보면, 황제의 죽음에 대해 생생한 통찰을 얻을 수 있다. '클라우디우스의 마지막 말은 가장 쉬운 의사소통의 통로로부터 아주 큰 소음을 토해낸 뒤 나왔다'라는 기록이 있기 때문이다. '이런, 나를 통째로 배설하는 것 같군Va me, puto concacavi me!'이라는 황제의 말도 인용되어 있다. 세네카는 이렇게 덧붙였다. '내가 알기로, 황제는 정말 온갖 것들 위에 똥을 퍼질러 쌌다.' 분명 뭔가 거북한 것이 클라우디우스의 소화과정에 영향을 주었던 것 같다.

1세기 말 로마의 역사가 타키투스는 『연대기The Annals』에서 '당시의 작가들이 전하는 바에 따르면 황제의 버섯 요리에 독이 주입되었다'고 말한다. 하지만 타키투스는 클라우디우스가 독을 먹지 않았다고 믿는다. 우연히도 변을 보게 된 것이 그를 구한 것 같다는 것이다. 여기서 다시 깃털이 등장한다. 타키투스는 독이 든 버섯을 클라우디우스에게 먹이려는 시도가 실패하자, 독 묻은 깃털로 그를 살해했다고 주장한다. 그가 서술한 황제의 죽음은 이렇다. '클라우디우스의 부인 아그리피나Agrippina의 사주를 받은 주치의 크세노폰Xenophon이 토하려는 황제를 돕는 척하며 효과 빠른 독에 담가뒀던 깃털을 황제의 목구멍에 밀어 넣었다.' 현대 작가 로버트 그레이브스Robert Graves는 타키투스의 서술에서 영감을 얻어 『신(神) 클라우디우스, 그리고 그의 아내 메쌀리나Claudius the God: And His Wife Messalina』란 작품을 썼다.

로마의 자료들은 클라우디우스가 질식사한 것이 아니라, 깃털에 의해서든 독버섯에 의해서든 독살됐다는 쪽을 지지하고 있다. 하지만『고대 세계 인명록Who's Who in the Classical World』은 이 가설에 대해 계속적으로 의문이 제기되었다고 한다. 2002년『왕립의학회 저널Journal of the Royal Society of Medicine』에 실린 논문「클라우디우스의 죽음」에서, 마미온V. J. Marmion의 연구팀은 황제의 죽음이 뇌혈관 질환으로 인해 발생하는 돌연사의 정황과 일치한다고 밝혔다. 지금으로서는 클라우디우스 황제가 자연스럽게 죽었을 가능성이 아주 높다. 클라우디우스가 독살됐다고 주장하는 모든 역사가들은 그저 세상에 떠돌아다니는 소문을 모아 다시 퍼뜨리는 수다꾼에 불과할지도 모른다.

•••콘스탄티누스 대제는 덕망 높은 통치자였다?

콘스탄티누스Constantinus는 로마의 첫 번째 기독교도 황제로서, 기독교를 로마 사회의 합법적 종교로 만들었고, 콘스탄티노플이란 도시까지 건설했다. 서기 312년 그리스도의 표식 아래 전투를 수행하면 승리할 수 있다는 계시를 접한 콘스탄티누스는 극적으로 개종했으며, 이후 전투에서 승승장구하며 성공가도를 달렸다.『가톨릭 백과사전』은 콘스탄티누스가 아이, 노예, 여자 등 예전의 로마법이 가혹하게 취급했던 사회적 약자들을 위해 선행을 펼쳤다고 전하고 있다.

그러나 불행히도 그는 자신의 가까운 친족들에겐 기독교도의 관용을 베풀지 않은 것 같다. 323년 콘스탄티누스는 공동 황제이자 이복형제인 리시니우스Licinius와 종교 정책에 대한 갈등으로 전쟁을 벌였다. 전쟁에서 이긴 후에는 신상의 안전을 보장하겠다던 약속을 뒤집고 리시니우스를 교수형에 처해 버린다.

몇 년 후, 콘스탄티누스는 대중적 인기가 많았던 자신의 아들 크리스푸스Crispus를 은밀하게 살해했다. 계모인 파우스타Fausta의 밀고 때문이었다. 안타깝게도 그녀의 밀고는 아무 근거 없는 모함으로 드러났다. 4세기의 작품 『The Epitome de Cuesaribus』는 자신의 잘못을 다른 잘못을 통해 바로잡으려 안달했던 콘스탄티누스가 아내 파우스타를 뜨거운 목욕탕에 집어넣고 삶아 죽였다고 전한다.

그는 한술 더 떠서, 자신이 목매달아 죽인 이복형제의 아들(조카)을 노예 여인으로부터 태어났다는 이유를 들어 채찍으로 때려 죽였다고 한다. 조카를 죽이지는 않았지만 아프리카에 유배시켜 평생 동안 노예 신분으로 살도록 했다는 또 다른 버전의 일화도 전해진다.

『가톨릭 백과사전』은 이렇게 논평한다. '이토록 잔인한 일들을 벌였다는 것을 알고 나면, 인자하고 온화한 모습의 황제가 과연 같은 사람인지 의심하게 될 것이다. 하지만 사람의 본성이란 모순으로 가득한 것이다.'

아니라고는 말 못하겠다. 우리 모두가 그렇지 않을까.

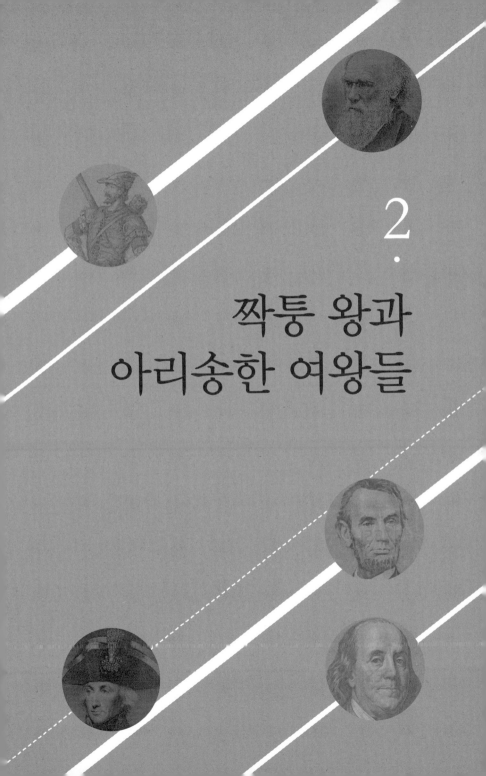

2.

짝퉁 왕과
아리송한 여왕들

•••아서 왕에게는 원탁이 있었다?

영국 햄프셔의 윈체스터 성당Winchester Castle 대회당에는, 화려한 원형 테이블이 높은 곳에 매달린 채 전시되어 있다. 원탁의 중앙에는 이런 글귀가 새겨져 있다. '이것은 아서 왕과 그의 기명 기사 24명의 원탁이다.' 원탁의 테두리 부분에는 왕의 자리를 중심으로 좌우에 갈라하드Galahad와 모드레드Mordred를 비롯해 24인의 기사 이름이 쓰여 있다. 6세기 세공품이라 주장하는 것치고 원탁의 상태는 아주 양호하다. 또한 원탁 중앙에는 커다란 튜더 Tudor 가문의 장미가 그려져 있어 원탁의 진짜 출처를 짐작하는 데 도움을 준다.

진실은 놀랍다. 6세기 영국을 지배한 것으로 추정되는 브리튼 왕국의 위대한 왕 아서는 전혀 존재한 적도 없었다는 것! 『영국 인명사전Dictionary of National Biography』에서 패들O. J. Padel은 아서가 동시대의 어떤 기록에도 언급된 적이 없다고 주장한다. 게

다가 더 한심한 것은, 아서 왕의 전설이 어디서 어떻게 시작됐는 지에 대한 명확한 단서도 없다는 사실이다. 아서 왕은 12세기 제 프리Geoffrey of Monmouth(*영국의 연대기 작가-옮긴이)가 쓴 작품『브리 튼 왕들의 역사Historia regum Britanniae』제6권 덕분에 알려지기 시 작했다. 작품 속에서 아서 왕은 이렇게 묘사되어 있다. '세상에서 가장 유명한 아서, 오직 영웅적이고 훌륭한 행위를 통해 자신의 이름을 알렸고 후대에 전해지게 했다.' 어떤 기사도 다른 기사에 대해 자신이 상석이라고 주장할 수 없게 만드는 경탄할 만한 관 계 설정의 도구인 '원탁' 역시 12세기에 추가되었다. 웨이스Wace of Jersey(*노르만디 공국의 저지 섬 출신 성직자이자 작가-옮긴이)가 쓴 노르 만-프랑스어 버전인 『Le Roman de Brut』에도 '아르투 왕rois Artus' 과 '원형 탁자la Roonde Table' 이야기가 소개되어 있다.

『영국 민속사전Dictionary of English Folklore』에서, 사전 편찬자인 심슨Simpson과 라우드Roud는 윈체스터 성당의 탁자가 14세기에 만들어졌다고 주장한다. 아마도 1344년 '원탁의 기사단Order of the Round Table'을 찾아낼 계획을 세웠던 에드워드 3세Edward III가 만들었을 것이라는 추정이다. 『허친슨 백과사전Hutchinson Encyclopedia』은 그 원탁이 마상(馬上) 시합의 유물이라고 주장한다. 12세기부터 기사들이 아서 왕 전설에 등장하는 인물을 연기하는 형태로 치러진 일종의 마상 시합에 원탁이라는 이름을 붙였다는 것이다. 심슨과 라우드는 1522년 헨리 8세Henry VIII가 탁자를 수리하면서 튜더 가의 장미를 추가했고, 내친 김에 한 술 더 떠서 자신을 모델로 한 아서 왕의 초상을 그려 넣었다고 한다.

지혜로운 아서 왕도, 평등주의의 상징인 원탁도 존재한 적이 없다는 사실은 조금 아쉽지만, 아서 왕과 원탁의 기사 이야기가 유쾌하고 멋진 이야기임에는 변함이 없다.

•••크누트 왕은 어리석게도 바닷물을 막으려 했다?

크누트Cnut 왕은 피할 수 없는 일을 피하려고 애쓴 어리석고도 우스꽝스러운 인물로 회자되고 있다. 역사학자이자 전기 작가인 트로우M. J. Trow는 정치인과 경제인들 사이에서 자기 스스로를 기만하는 증상인 '크누트 신드롬'이 정기적으로 발생한다고 말한다. 하지만 로버트 레이시Robert Lacey는 『역사에서 뽑은 위대한 이야기들Great Tales from History』에서 다른 주장을 펼친다. 헌팅던의 헨리Henry of Huntingdon(*1130년 경 잉글랜드 역사를 집필한 헌팅턴의 역사학자-옮긴이)에 따르면, 크누트는 진정으로 바다의 물결을 멈출 수 있으리라 믿은 적이 없었고, 오히려 그 반대였음이 분명하다는 것이다. 크누트가 물결을 막으려 했다는 것은 역사의 오류라는 주장이다.

헨리는 12세기에 출간된 그의 저서 『잉글랜드 역사Historia Anglorum』에서 바다의 물결을 막으려 한 크누트 왕의 행동을 더할 나위 없이 훌륭한 행위라고 찬탄했다. 또한 크누트 왕 이전에 잉글랜드를 지배했던 어떤 왕도 그처럼 위대한 권위를 가졌던 적이 없다고 덧붙였다. 그의 설명에 따르면, 당시 권력의 최고 정점에 있었던 크누트 왕은 자신의 보좌를 바닷물이 밀려들어 오는 해안에 놓도록 명령했다고 한다. 헨리는 크누트 왕이 벌인 이 같은 활극의 무대가 어디인지에 대해서는 밝히지 않았다. 하지만 로버트 갬블즈가 쓴 『모기 보고 칼 빼기: 역사적 일화 연구 Breaking Butterflies: A Study of Historical Anecdotes』의 한 구절은 이를 짐작하게 한다. '서섹스 지방에는 옛날부터 왕실의 보호를 받았던 보샴Bosham 부두가 있었는데 모두들 이 장소를 중요하게 여기고 자랑스러워했다.'

헌팅던의 헨리는 솟구치는 파도를 향해 크누트 왕이 이렇게 외쳤다고 한다. '그대는 짐에게 복종해야 한다. 짐이 앉아 있는 이 땅은 짐의 것이고, 대군주인 짐의 권위에 저항하고 무사할 것은 아무것도 없느니라.' 하지만 바닷물은 평소와 다름없이 밀려들어왔고, 불경스럽게도 왕의 발과 정강이를 적셨다. 그러자 크누트 왕은 아첨꾼 신하들이 모두 들을 수 있도록 큰 소리로 다시 외쳤다. '세상 모든 이들이여, 왕의 권력이 얼마나 허망하고 무용한 것인지 알지어다. 하늘, 땅, 바다를 영원한 법에 복종하게 만드는 절대 의지인 그분 외에는 왕이라고 할 만한 존재가 없음이로다.' 이렇게 경건한 신앙심을 토로한 후, 크누트 왕은 자신의 머리에 왕관을 쓴 적이 없다고 한다. 그는 신을 찬양하며 자신의 왕관을 십자가의 주님 그림 위에 놓아두었다고 전한다. 크누트 왕은 신하들 앞에서, 신에 비하면 자신은 아무 힘이 없음을 보여주었다.

그로부터 20년 후, 앵글로-노르만계 역사가 제프리 게이마 Geoffrey Gaimar는 12세기 중반에 출간된 자신의 저서 『잉글랜드의 역사 L'Estoire des Engles』에서 이 이야기의 무대를 템스 강으로 바꾸고, 완전히 다른 스토리로 재구성했다. 그 스토리는 이렇다. 신하들이 복종하지 않고 자신의 명령이 무시된다고 생각한 크누트 왕은 웨스트민스터라 불리는 교회 가까운 지역에 가서 바닷물이 밀려오는 곳에 섰다. 크누트 왕은 홀을 치켜들고 밀물을 향해 외

쳤다. '돌아가라, 내게서 달아나라. 안 그러면 내가 너를 후려치 겠노라.' 당연하게도 왕은 물에 흠뻑 젖고 말았다. 게이마에 따르면, 크누트 왕은 풀이 죽었고, 로마 순례를 떠나겠다고 신하들에게 약속했다고 한다.

18세기의 역사가 흄David Hume은 자신의 저서 『잉글랜드의 역사The History of England』 제1권에서 여전히 헌팅던의 헨리의 해석을 따른다. 흄은 '크누트 왕이 자신의 보좌를 밀물이 들어오는 해변에 놓으라고 명령함으로써 아첨꾼들에게 뭔가를 보여주었다' 고 쓰고 있다. 물에 흠뻑 젖은 크누트 왕은 아첨꾼들을 향해 겸손하게 말했다고 한다. '오직 홀로 우뚝하신 이와 비교하면 우주의 모든 피조물은 허약하고 무력할 뿐이다.'

크누트 왕의 치세는 대체로 높은 평가를 받고 있다.『중세의 전쟁Medieval Warfare』을 집필한 짐 브래드베리Jim Bradbury는 밀물 이야기가 크누트 왕을 오만한 사람으로 보이게 하려고 후세에 왜곡한 것이라고 주장한다. 트로우도 브래드베리의 의견에 동의하며 이렇게 말한다. '현대 세계에서 <크누트 신드롬>이란 말은 헌팅던의 헨리가 쓴 의도와는 완전히 반대되는 뜻으로 사용되고 있다. 위대한 왕 크누트의 경건함과 겸손함은 사라져 버렸다. 크누트 왕은 자신이 신보다 더 위대한 힘을 갖고 있다고 믿는 어리석고 오만한 과대망상증 환자로 그려지고 있다.' 어쩌면 지혜로운 왕 크누트는 자신의 경건한 연출을 말도 안 되게 바꿔 놓은 게이마에 대해 철학적 의미의 미소를 지었을 지도 모른다.

뭐 아님 말고.

•••엘리자베스 1세는 나무 틀니를 했다?

영국을 통치한 처녀 여왕은 유난히 단것을 좋아해서, 치아가 남아나지를 못했다고 한다.

『엘리자베스 1세』란 책에서 앨리슨 플로든Alison Plowden은 단음식에 대한 과도한 집착으로 치아를 형편없이 만든 영국인들의 성향을 비판한 동시대의 독일 법률가 파울 헨츠너Paul Hentzner의 글을 인용하고 있다. 그렇지만 당시 영국 사람들이 치아 관리를 전혀 하지 않았다는 얘기는 아니다. 『엘리자베스 대왕Elizabeth the Great』의 저자인 엘리자베스 젠킨스Elizabeth Jenkins는 당시 영국의 치아 관리에 대해 다음과 같이 묘사하고 있다. '사람들은 천 조각을 이용해 치아를 안에서 밖으로 문질러 닦았고, 여왕이 하사하는 신년 선물 중에는 검은색과 은색으로 테두리를 장식한 네덜란드제 치아 청소용 천이 들어 있었다.'

　근엄했지만 썩은 이 때문에 권위가 망가진 엘리자베스 1세의 중년 시절 모습으로 인해 어느 정도 오해가 있었던 것이다. 프랑스 대사 앙드레 유로 드 메스Andrée Hurault de Maisse는 1596년 엘리자베스 여왕의 치아 상태에 대해 자신의 외교 일지에 이렇게 기록해 놓았다. '여왕의 치아는 공식적으로 전해들은 것 이상으로 누렇고 들쑥날쑥했으며, 왼쪽의 이는 오른쪽에 비해 남아있는 것이 적었다. 이가 많이 빠진 상태였

다.' 메스는 여왕의 치아 상태가 나빠, 여왕이 빠르게 말할 때는 무슨 말을 하는지 알아듣기 어려웠다고 했다.

　하지만 못 알아듣는 말보다 더 괴로운 것이 있었으니 그것은 참기 어려운 치통이었다. 엘리

자베스 시대에는 치통이 벌레 때문에 생기고, 그 치료 역시 벌레로 할 수 있다고 알려져 있었다. 리자 피카드Liza Picard가 쓴『엘리자베스 여왕 통치 하의 런던Elizabeth's London』은 토머스 힐Thomas Hill의 1568년도 책『돈 버는 원예 기술The Profitable Art of Gardening』을 인용하고 있다. 토머스 힐은 로즈마리 나무를 태운 가루가 치아를 하얗게 해주고 치아 속의 벌레들을 내쫓는다고 주장한다. 리자 피카드는 존 홀리부시John Hollybush가 쓴『가장 탁월하고 완벽한 가정 약제사A Most Excellent and Perfect Homish Apothecary』에 등장하는 독특한 처방도 옮겨 놓았다. 홀리부시에 따르면 치통은 회색 벌레와 함께, 바늘로 찔러서 치료해야만 한다.

엘리자베스 여왕은 무려 두 달 내내 치통을 앓은 일도 있었다. 역사가이자 전기 작가인 존 스트라이프John Strype는 자신의 1701년 작품『존 에일머의 인생과 행적Life and Acts of the John Aylmer』에 이렇게 기록해 놓았다. '치통으로 인해 여왕은 밤새 한숨도 잘 수 없었다. 여왕은 이를 뽑자는 얘기를 받아들이지 않았는데, 엄청난 통증이 두려웠기 때문이다. 결국 에일머 추기경은 자신의 생니를 한 개 뽑아, 이를 뽑는 고통이 견딜 만하다는 것을 여왕이 납득하도록 만들어야 했다.'

여왕이 예순 살이 되자 그녀에게 남아 있는 이는 아주 시커먼 것들뿐이었다고 한다.『고통스러운 치과학의 역사The Excruciating History of Dentistry』에서 제임스 와인브란트James Wynbrandt는 1602년의 목격담을 기록하고 있다. '나이가 일흔에 가까워진 치세 말기에도 여왕은 여전히 장난을 즐기고 유쾌했다. 단지 이가 좀 빠졌을 뿐이다.' 목격자들의 증언에 따르면, 엘리자베스 여왕은 분명 자신의 썩은 이를 갖고 있었으며 나무 재질의 틀니를 하자는 제안을 받은 적이 없다.

진정한 의미의 틀니는 18세기가 되어서야 발명됐다. 틀니용 접착제가 개발되기 전까지 틀니는 미관을 위해서만 사용되었고, 식사를 할 때는 오히려 빼 놓아야만 했다. 16세기에는 그저 천 뭉치를 돌돌 말아 치아의 틈새를 막는 것이 고작이었다. 와인브란트의 목격담에 따르면, 엘리자베스 여왕은 공식석상에 나올 때 볼이 쪼그라들어 보이는 것을 막기 위해 입 안에 천 조각들을 가득 넣었다고 한다. 이가 빠진 자리를 메우기 위해 사용했던 돌돌 말린 천이 나무처럼 보였을 수도 있다. 여왕이 나무로 만든 틀니를 했다는 낭설은 아마 그래서 생겨났을 것이다.

이 이야기의 교훈은 간단하다. 규칙적으로 이를 닦고 치과 검진을 받아야 한다는 것!

•••보아디케아 여왕은 낫이 달린 마차를 몰았다?

우리는 전사의 이미지를 갖고 있는 특별한 여왕을 기억한다. 바

로 보아디케아Boadicea
다. 그녀는 이스트 앵글
리아East Anglia로 알려진
지역에 살았던 고대 영
국의 부족, 이세니Iceni족
을 이끌었다. 당시 로마
인들이 부족의 토지를
빼앗고 자신에게 태형
을 가했을 뿐 아니라, 두
딸까지 강간하자 보아
디케아 여왕은 전쟁을
일으켰다.

　우선 그녀의 이름에 대해 한마디 하고 넘어가자.『전사 여왕들
The Warrior Queens』이란 책에서 안토니아 프레이저Antonia Fraser는 1
세기에 살았던 로마인 역사가 타키투스의 말을 소개한다. 타키
투스는 그 시대에 여왕은 '보우디카Boudicca'가 유일했다고 한다.
하지만 프레이저는 타키투스가 실수했을 것이며, 여왕 이름의
바른 철자는 'Boudica'라고 주장했다. 프레이저에 따르면 고대
웨일스 말 중에 'bouda'는 승리를 의미한다. '보우디카 여왕Queen
Boudica'과 '빅토리아 여왕Queen Victoria' 사이에 무종의 연견고리가
있음을 짐작할 수 있다.

1902년 런던 웨스트민스터의 제방 위에 세워진 토머스 소니크로프트Thomas Thornycroft의 청동 조각상 '보아디케아와 딸들Boadicea and her Daughters'은 손에 창을 들고 적을 향해 달려가는 여왕의 모습을 형상화한 것이다. 두 딸은 강간당한 후 미처 옷을 갈아입지 못한 것으로 보이지만, 이건 조각이 드러내려는 핵심 취지와는 별 관계가 없다. 저명한 고고학자 그레이엄 웹스터Graham Webster는 자신의 저서 『보우디카Boudica』에서 '견고한 바퀴에 무거운 금속으로 만들어진 조각상 속의 마차는 기운 넘치는 말들이 끌더라도 진흙투성이 땅에서 움직일 수 있을 것 같지 않다'고 지적한다. 웹스터는 무엇보다 마차 바퀴의 축에 고정된 '굽은 형태의 무시무시한 칼들'이 대중의 환타지를 자극한다고 말했다. 그러나 프레이저는 보우디카의 마차 바퀴에는 실제로 칼(혹은 낫)이 붙어 있지 않았다고 밝히면서, 이는 보우디카에 관한 근거 없는 얘기 중 하나라고 확신한다. 웹스터 역시 보우디카의 마차를 이렇게 형상화한 것은 로맨틱한 소설의 인상적인 한 부분과 비슷하다는 것에 동의한다. 『켈트 족의 세상The Celtic World』을 쓴 미란다 그린Miranda Green 역시 같은 의견이다. '마차 바퀴에 낫을 달았다는 얘기는 켈트 족을 둘러싼 흔한 착각을 바로잡는 일에 아무 도움이 되지 않는다. 오히려 한 세대에서 다음 세대로 전해지는 전설을 강화하고 있다.' 웹스터는 이 유쾌하고도 무시무시한 형상이 옛 브리튼 사람들과 보우디카의 이미지로, 대중의 머릿

속에 깊이 각인되어 있다고 말한다.

조각상을 만든 소니크로프트는 고대 아시아에서 사용됐던 낫이 부착된 마차로부터 영감을 얻었다. 4세기의 작가 베게티우스 Vegetius는 『군사 과학의 축도Epitome of Military Science』란 책에서 1세기 때 시리아와 폰투스의 전투에 낫이 달린 전차가 사용되었다고 한다. 베게티우스는 낫이 달린 전차가 처음에는 적군에게 놀라움과 두려움을 주었지만, 이내 웃음거리로 전락했다고 말한다. 전투가 시작되자 로마인들이 전장 전체에 마름쇠(네 개의 대못을 이어붙인 무기)를 뿌렸기 때문이다. 달리던 마차들은 마름쇠를 밟고 모두 파괴되었다. 마름쇠의 효과는, 아마 현대 경찰이 폭주족이 모는 사륜구동차 앞에 스팅어를 던져놓는 것과 비슷했을 것이다.

3세기경 페르시아인들도 알렉산더 대왕과의 전투에서 낫이 장착된 마차를 사용했지만 별 효과를 보지 못했다. 발더마르 헤켈이 『알렉산더 대왕의 전쟁The Wars of Alexander the Great』에서 밝힌 바에 따르면, 돌격해 오는 마차에 장착된 창을 피하기 위해 창병(槍兵)들은 좌우로 열을 벌려 마차를 모는 병사를 집중 공격했다고 한다.

고대 영국의 전차가 정말 어떤 모습이었는지 궁금하다면, 웹스터 사전에 실려 있는 율리우스 카이사르의 이야기가 도움이 될 것이다. 카이사르는 '영국 전차'가 기동하는 모습을 묘사함으로써 휘하 군단을 즐겁게 해주었다고 전해진다. 카이사르의 이야기를 통해 마차가 움직이는 모습을 상상해보자. '엄청난 훈련과 실전 경험을 쌓은 병사들은 전차 몰기의 달인이 되어, 절벽처럼 급한 경사에서도 완벽한 제어 상태로 말을 몰고 내려갈 수 있었다. 급정거와 신속한 회전, 장대 따라 달리기가 가능했고, 말의 멍에 위에 섰다가 아주 빨리 마차 뒤쪽으로 몸을 이동시킬 수도 있었다.' 1세기의 영국 전차는 어떤 폼 나는 무장에 의존하기 보다는, 상당한 기동성과 민첩성을 무기로 했던 것 같다. 마차 바퀴에 낫을 다는 것은 보기엔 그럴 듯했을지 모르지만 완전히 무용지물이었던 셈이다.

•••클레오파트라는 굉장한 미인이었다?

클레오파트라는 율리우스 카이사르는 물론이고, 카이사르 휘하의 장군이었던 마르쿠스 안토니우스Marcus Antonius까지 매혹시킨 것으로 유명하다. 안토니우스는 아내를 버리고 클레오파트라와 결혼까지 했다. 카이사르가 클레오파트라를 위해 만들었던 동전을 보면 그녀는 긴 코와 튀어나온 턱을 가지고 있어 미인이라고 하기는 어려워 보인다. 이 같은 모순을 설명하기 위해 미인의 기준이 바뀌었다고 주장하는 사람들도 있다. 그 당시에는 긴 코와 튀어나온 턱이 미인의 전형이었다는 믿기 힘든 이야기다. 기원전 1세기경의 로마 역사학자 플루타르코스Plutarchos는 클레오파트라를 직접 만나본 적이 없었지만, 『플루타크 영웅전The Lives of Noble Grecians and Romans』에서 그녀의 얼굴과 몸매에 대해 상세하게 묘사하고 있다. 이것이 클레파트라의 외모에 대해 전해지는 유일한 기록이고, 이를 주의 깊게 읽어보면 실마리를 얻을 수 있을 것이다. 한마디로 그녀는 모든 남자를 홀릴 만큼 그렇게 두드러진 미인이 아니었다.

현대인들은 수긍하기 어렵겠지만, 클레오파트라의 미모는 지적(知的)인 것이었다. 플루타르코스에 의하면 그녀가 사람들을 매혹시키는 것은 외모가 아니라 '영리하고 섬세한 말솜씨'였다. 안토니우스를 만났을 당시 클레오파트라는 여인의 아름다움이 가장 화려하게 피어났을 때였고 그녀의 지성 또한 완숙되었을 시점이라는 것이다. 플루타르코스는 여성의 미모가 성품과 함께 완성된다는 점을 말하고자 한 듯하다. 플루타르코스는 클레오파트라를 이렇게 묘사한다. '그녀를 한 번만 보면 저항할 재간이 없었다. 그녀의 말과 행동에서 풍기는 개성과 흡인력 넘치는 화술이 합쳐진 도발적인 매력은 엄청나서, 사람들은 그녀에게 홀리듯 빠져들었다. 그녀의 목소리는 달콤했고, 마치 여러 개의 줄을 가진 현악기처럼 한 언어에서 다른 언어로 옮겨가며 말할 수 있었다. 그녀가 통역을 필요로 하는 경우는 드물었다. 클레오파트라는 에티오피아어, 히브리어, 아랍어, 아람어, 메디아어, 파르티아어 등 여러 민족의 말을 할 수 있었다.' 정말이지 최고의 찬사가 아닐 수 없다.

물론 모든 사람들이 그녀에게 마음을 뺏긴 것은 아니란 주장도 있다. Conyers Middleton이 쓴 『마르쿠스 툴리우스 키케로의 삶의 역사The History of the Life of Marcus Tullius Cicero』를 보면, 키케로(평생 동안 클레오파트라에 적대적이었다)가 클레오파트라에 대해 어떤 생각을 갖고 있었는지 알 수 있다. 클레오파트라가 아무리 훌륭한 문학 작품을 보내주었다고 해도, 자신을 오만하게 대했던 그녀의 행동을 용서할 수 없었다는 것이다. 키케로는 그 일만 생각하면 분노가 치밀어 오르지만, 참기로 했다고 말한다. 로마 사람들은 키케로가 감정에 휘둘리는 사람이 아니라고 여기고 있었기 때문이다.

하지만 결국은 키케로가 이긴 듯하다. 최근에 발견된 동전에 묘사된 클레오파트라를 보면, 그녀가 굉장한 미인이라기보다는 굉장한 코미디언이었던 레스 도슨Les Dawson(*1991년 작고한 영국의 남자 코미디언-옮긴이)과 닮았다는 주장이 조금은 수긍될 정도니까.

•••앤 볼린은 유방이 세 개였다?

16세기에 젖꼭지나 유방, 손가락이 정상인보다 많다는 것은 마녀의 증거였다. 영국 왕 헨리 8세는 젖꼭지가 3개인 마녀를 영국

 여왕의 자리에 앉히게 되면 극도의 불행이 닥칠 것이라는 사실을 알고 있었지만, 1533년 앤 볼린과 결혼했다.

『앤 볼린의 영고성쇠The Rise and Fall of Anne Boleyn』를 쓴 워닉크 Retha M. Warnicke는 그런 주장들이 '절대적으로 틀린 것'이라고 말한다. 워닉크의 설명에 따르면, 그같은 루머의 선동자는 16세기의 가톨릭 선교사 니콜라스 샌더 Nicholas Sander였다. 샌더는 자신의 1585년 저서인『잉글랜드 종파 분립의 기원과 전개Origin and Progress of the English Schism』에서 앤의 오른손 손가락이 여섯 개였다고 주장했다. 또한 앤의 턱 아래에는 계속 자라는 커다란 혹이 있어서, 그것을 감추기 위해 턱밑까지 올라오는 드레스로 목을 가렸다고도 했다. 샌더는 앤의 어머니가 헨리 7세(*헨리 8세의 아버지-옮긴이)의 정부(情婦)였으며, 헨리 8세는 자신의 딸과 결혼했었다고도 했다. 앤이 처형됐을 무렵, 샌더의 나이가 여섯 살이었음을 생각하면 샌더가 앤과 관련해 이렇게 많은 사실을 알고 있다는 것이 좀 이상하긴 하다. 워닉크는 에드워드 허버트Edward Herbert와 길버트 버넷Gilbert Burnet(살리스베리의 추기경) 같은 동시대의 역사가들이 공개적으로 샌더의 주장을 반박했다고 폭로했다.

에릭 이베스Eric Ives가 쓴 『앤 볼린의 삶과 죽음The Life and Death of Anne Boleyn』을 보면 1533년 앤의 여왕 즉위식 때 어떤 적대적인 관찰자가 기록한 내용을 볼 수 있다. '그녀는 부풀어 오른 목의 혹을 가리기 위해 옷깃이 높이 올라오는 보라색 망토를 입었는데, 아마 갑상선종일 수도 있다.' 이베스는 이 기록이 '고의적인 오해'일 가능성이 아주 높다고 주장한다.

앤의 신체가 기형(奇形)이었다고 하더라도 그녀의 손가락에 사마귀 한두 개가 있었던 것 이상은 아니었다. 전기 작가 조지 와이어트는 16세기에 쓴 자신의 작품 『앤 볼린 여왕의 상세한 생애 Some Particulars of the Life of Queen Anne Boleigne』에서 이렇게 서술했다. '앤 여왕의 손톱 하나 옆에 손톱 비슷한 것이 붙어 있었다. 하지만 그것은 아주 작아서 앤의 손에 우아함을 더하기 위해 장인(匠人)이 남겨놓은 것같이 보였을 뿐이다. 앤은 그것을 사람들에게 내보이지 않았다.' 조지 와이어트는 이렇게 덧붙였다. '그녀의 신체 다른 부위에 사마귀가 있었다는 말도 있다. 하지만 어떤 작은 사마귀라도 앤의 깨끗하기 그지없는 피부에 생기면 사건이었을 것이다.'

유방이 세 개였다는 설에 대해, 이베스는 당시의 베네치아 외교관 프란체스코 사누토Francesco Sanuto의 기록을 인용한다. 사누토는 부지런히 앤의 신체 특징을 해부하는 중에 유방이 하나 더 있다고 언급했을 것이다. 앤과 결혼하기 얼마 전, 헨리 8세가 앤에게 보낸 편지에는 이렇게 쓰여 있다. '내 몸이 당신의 품안에 있다면 얼마나 좋을까(특히 저녁에 말이요), 나는 귀여운 새끼 오리들(*젖가슴을 상징한 표현-옮긴이)에게 짧은 입맞춤을 하고…….' 앤이 그런 새끼 오리를 셋 가지고 있었다면, 헨리 8세가 가장 먼저 알아차리지 않았을까?

역사의 진실이 무엇인지 추정해보는 것은 재미있는 일이다. 아마 앤의 목이나 가슴에 작은 사마귀가 있었을 것이다. 처음 이야기에서는 그것이 커다란 종기가 되었고, 그 다음엔 갑상선종이 되었고, 마지막엔 세 번째 가슴으로까지 커졌을 것이다. 속여 넘길 수만 있다면, 꽤 괜찮은 과장법이 아닐까.

•••빅토리아 여왕의 이름은 빅토리아였다?

위대한 빅토리아 여왕의 이름은 역사에 매우 자주 언급되기 때문에, 영국뿐 아니라 전 세계인에게 친숙하다. 그런데 이 이름이 만들어진 것은 여왕의 삼촌인 리젠트 왕자Prince Regent의 변덕과 경솔함 때문이었다. 행크스, 하드캐슬, 호지스Hanks, Hardcastle and Hodges의 공저 『이름 사전Dictionary of First Names』을 보면, 빅토리아 여왕의 이름은 원래 '알렉산드리나Alexandrina'였다.

엘리자베스 롱포드
R J., Elizabeth Longford는
전기체 작품 『빅토리
아Victoria』에서, 왕위 승
계 서열 5위였던 이 아
이의 세례명이 '조지아
나 샬로트 오거스타 알
렉산드리나 빅토리아
Georgiana Charlotte Augusta
Alexandrina Victoria'였다
고 밝혔다. 롱포드는

아이의 엄마인 켄트 공작부인 빅토리아의 편지를 통해 세례명의
유래에 대해 알게 되었다.

리젠트 왕자 조지George가 이 아이의 첫 번째 대부였고, 러시아
의 차르 알렉산더1세가 두 번째 대부였다(세례 의식은 요크 공작 주관
으로 열렸다). 하지만 첫 번째 대부는 두 번째 대부를 미워했다. 리
젠트 왕자는 세례식 전날 저녁에 아이의 부모인 켄트 공작 부부
에게 퉁명스러운 전보를 보냈다. '조지아나란 이름을 쓰면 안 될
것이다. 왜냐하면 내 이름이 러시아 황제의 이름 앞에 오는 것을
원치 않으며, 동시에 러시아 황제의 이름 뒤에 오는 것도 용인하
지 않을 것이기 때문이다.'

세례식 당일, 캔터베리 대주교는 아기를 품에 안은 채, 리젠트 왕자가 첫 번째 이름을 부르기를 기다렸다. 그런데 아무 일도 일어나지 않았다. 한참 뜸을 들이다가 마침내 리젠트 왕자가 무뚝뚝한 목소리로 '알렉산드리나'란 이름을 불렀다. 아기의 아버지인 켄트 공작이 리젠트 왕자에게 두 번째 이름을 부르라고 재촉했고, 리젠트 왕자는 '샬로트'란 이름을 불렀다. 『1819년부터 1914년까지 궁정의 어린 시절Childhood at Court 1819 to 1914』이란 책에서 존 반 데어 크리스테John Van der Kiste가 설명한 것처럼, 샬로트는 리젠트 왕자의 유일한 혈육이었지만 어려서 죽은 아이의 이름이다. 켄트 공작의 아기는 튼튼하고 건강해 보였기 때문에, 리젠트 왕자의 처지에서는 비통함과 억울함을 느꼈을 것이라는 게 크리스테의 추측이다. 한마디로 샬로트는 억지스러운 이름이었다.

켄트 공작은 리젠트 왕자에게 '오거스타'란 이름을 제안하게 했지만, 이 이름은 기각됐다. 왜냐하면 로마의 황제 이름에서 딴 이 이름은 너무 장엄한 의미를 갖고 있었기 때문이다. 마침내 리젠트 왕자에게 묘안이 떠올랐다. '아기 엄마 이름을 따르게 하자.' 그런데 짓궂게도 리젠트 왕자는 아기 엄마 이름, 빅토리아가 황제의 이름 앞에 올 수 없다는 단서 조항을 추가했다. 이렇게 해서 아이의 부모인 켄트 공작 부부는 꼼짝없이 '알렉산드리나 빅토리아'란 이름을 받아들여야 했다. 반 데어 크리스테에 따르면 이때 아기 엄마가 작게 흐느껴 울었다고 한다.

우여곡절 끝에 이름을 얻게 된 소공녀는 아홉 살이 될 때까지 외국어의 약칭인 '드리나'로 불렸다. 열한 살이 될 때까지, 부모들은 아이의 이름을 샬로트나 가능하다면 엘리자베스로 바꾸려고 시도했다. 소공녀가 쓰고 있는 두 개의 외국 이름이 국민 정서에 맞지 않는다는 것이 이유였다. 하지만 알렉산드리나라는 이름은 상당한 정도 용인되는 분위기였다. 『세계 장소-인명 콘사이스 사전Concise Dictionary of World Place-Names』을 보면 오스트레일리아 남부에 있는 한 호수에 소공녀의 이름이 붙여져 있음을 알 수 있다.

그렇다면 빅토리아는 자신의 이름에 대해 어떤 생각을 갖고 있었을까? 전기 작가 크리스토퍼 히버트Christopher Hibbert는 『빅토리아 여왕Queen Victoria』이란 책을 통해 이렇게 밝혔다. '빅토리아 여왕은 유일하게 적법하고 올바른 군왕 '레이디 알렉산드리나 빅토리아'로 선포되었지만, 여왕 자신은 '알렉산드리나' 여왕으로 알려지고 싶은 생각이 추호도 없었고, 그럴 가능성을 원천봉쇄하고자 했다.' 히버트에 따르면 여왕은 서명이 필요한 문건에 알렉산드리나라는 이름을 절대 사용하지 않았다고 한다. 『개혁의 시대 1815-70』란 책에서 르웰린 우드워드E. Llewellyn Woodward도 이것이 사실임을 확인하고 있다. 출간을 위한 문건들에는 '알렉산드리아나 빅토리아'라고 표기했지만, 여왕의 첫 번째 추밀원Privy Council 방문 기록에는 '빅토리아'라고만 서명했다는 것이다.

여왕의 대관식 때까지도 이름을 둘러싼 논쟁이 계속되었다. 리젠트의 왕자는 여왕이 러시아 황제의 이름을 따게 된 것에 몹시 화가 나 있었다. 그리하여 여왕의 이름은 빅토리아가 되었다. '빅토리아 시대'는 자칫했으면 '알렉산드리나 시대'가 될 뻔했다.

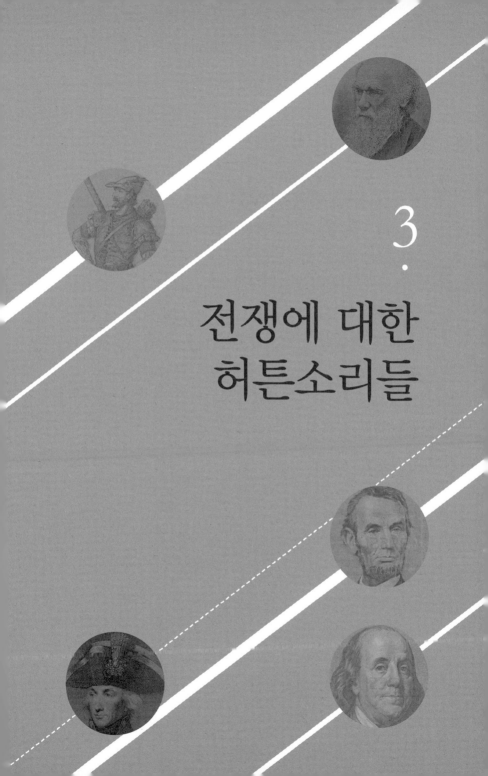

3.

전쟁에 대한
허튼소리들

•••벙커힐 전투는 벙커힐에서 벌어졌다?

미국 독립전쟁 최초의 전투는 벙커힐 전투라고 알려져 있다. 1775년 6월, 빨간 외투를 입은 영국군이 매사추세츠 주의 보스턴을 점령했다. 미국 식민지 측은 1,600명의 병력을 동원해 보스턴 항구가 내려다보이는 벙커힐에 진지를 구축하기로 결정했다. 데이비드 에겐버거David Eggenberger는 『전투 백과사전An Encyclopedia of Battles』에서 식민지군이 '실수로' 벙커힐이 아닌 브리즈힐에 진지를 구축했다고 주장한다. 브리즈힐은 벙커힐보다 저지대여서 진지 구축이 쉬웠지만, 후일 많은 역사가들은 이것이 잘못된 결정이었다고 평가한다. 브리즈힐은 벙커힐보다 지형적으로 많이 취약했기 때문이다. 에린 매킨Erin McKean이 편찬한 『신 옥스퍼드 미국어 사전New Oxford American Dictionary』은 전투가 브리즈힐 근처에서 이뤄졌다고 확인해준다

『옥스퍼드 세계사 사전Oxford Dictionary of World History』에 따르면,

2,400명의 영국군이 고지 점령을 위해 파견됐다. 그런데 전투에서 양측 모두 커다란 실수를 저질렀다. 전투 이틀째의 긴급 전문은 전투에 지친 식민지군을 구출하라는 명령이었는데, 퇴각 방향을 완전히 잘못 잡고 있었다. 식민지군은 적군의 포화에 노출되어 주력 부대의 손실이 계속되었고, 450명의 병력을 잃고 고지도 빼앗긴 상태로 전투가 종료됐다. 그런데 에겐버거에 따르면, 영국군은 퇴각하는 식민지군을 완전히 궤멸시킬 수 있는 기회를 잡았음에도 불구하고, 기지에서는 웬일인지 추격 중단 결정을 내렸다고 한다. 『옥스퍼드 전사(戰史) 지침The Oxford Companion to Military History』의 기록에 따르면, 영국군은 전투에서 승리했지만 그 피해는 막대했다. 공격에 나선 병력의 40%에 달하는 1,000명의 사상자를 냈던 것이다. 전투가 끝나자 어느 쪽도 승리했다고 할 수 있는 형편이 아니었다. 식민지군은 나중에서야 그곳에서 싸우기로 한 결정이 실수 이상의 것이었음을 깨닫게 된다. 굳이 위안을 얻자면, 막강한 것처럼 보였던 영국군도 결코 불패의 군대는 아니었다는 사실을 확인한 것 정도였다.

이 전투는 후에 벙커힐 전투라고 알려지게 됐는데 '1,500명의 민병대가 그 지역을 점령하기 위해 벙커힐로 갔다'라고 긴급 전문이 잘못 작성되어 있었기 때문이다. 영국 측의 문헌에도 '기념비를 세워 벙커힐 전투를 기렸다'고 기록되어 있는데, 그 기념비는 혼란스럽게도 브리즈힐에 자리 잡고 있다.

•••몬스 전투에서 천사들이 연합군을 도왔다?

1914년 8월, 제1차 세계대전이 발발했다. 영국과 프랑스 군대는 막강한 독일군의 공격에 밀려 퇴각할 수밖에 없었다. 그런데 정말 기적 같은 일이 일어났다. 벨기에의 소도시 몬스Mons 인근에서 벌어졌던 전투에서 하늘나라의 군대가 연합군을 도와주었던 것이다. 대천사 미카엘, 천사들의 군대, 그리고 수호천사를 보았다는 목격담이 쏟아져 나왔다. 테일러A. J. P. Taylor는 자신의 책『제1차 세계대전The First World War』에서 이렇게 서술했다. '이는 영국 측 입장에서는 꽤 신뢰성 있는 사건으로, 영국군의 전투에 초자연적 힘이 개입된 유일한 사례이다.'

1931년에 간행된 비망록『총사령부에서At GHQ』에는 존 차터리스John Charteris 준장이 1914년 9월 5일, 집에 부쳤던 편지 한 통이 기록되어 있다. 흰 옷을 입고 백마를 탄 주님의 천사가 불타는 검을 들고 독일군의 진격을 막아냈다는 소문이 돌고 있다는 내용이었다. 훗날 존 차터리스는 이렇게 추측했다. '종교적 심성이 강한 일부 병사들이 <마치> 주님의 천사가 나타나기라도 한 것<처럼> 독일군이 몬스에서 진격을 멈췄다고 집으로 편지를 써 보냈을 것이다.' 차터리스는 그 편지들이 교회 잡지에 실렸고, 잡지들은 다시 전선에 있는 다른 병사들에게 보내졌다. 그 후 이 이야기들은 <마치~~처럼as if>이란 수식어가 생략된 채 퍼져나갔을 것이라고 한다.

데이비드 클라크의 결정판 『몽스의 천사The Angel of Mons』에서도 천사의 발현을 믿을 만한 직접적인 설명이 없다고 서술하고 있다. 『영국 민속 사전A Dictionary of English Folklore』의 편집자인 재클린 심슨Jacqueline Simpson과 스티브 라우드Steve Roud 역시 직접 목격했다는 보고는 전혀 없다는 데 동의한다. 그렇다면 왜 이런 1인칭 서술 시점의 만화 같은 이야기가 힘을 얻었던 것일까? 그것은 이 이야기가 실린 매체가 1914년 9월 29일자 「이브닝 뉴스The Evening News」였기 때문이다.

몽스의 천사 이야기가 어떻게 시작되었는지 조사하다 보면, 웰시Welsh 신문 논설위원인 아서 메이첸Arthur Machen이 쓴 『궁수The Bowmen』란 책을 만나게 된다. 이 책은 분명 창작된 이야기였는데, 소설fiction이란 라벨을 붙이지 않았다고 한다. 1915년 출간된 책의 서문에서 저자인 메이첸은 분명히 밝히고 있다. 이 이야기는 몽스에서의 후퇴라는 끔찍한 현실에서 '영감을 얻은 것'이라고. 메이첸의 소설은 몽스의 전투에서 성 조지St George가 영국을 돕기 위해 아쟁쿠르의 궁수를 데려왔다고 한다(*성 조지는 잉글랜드의 수호성인. 아쟁쿠르 전투는 1415년 잉글랜드의 헨리 5세가 1만 2천 명의 적은 병력으로 4배가 넘는 프랑스 군을 물리친 전투로, 궁수들의 활약이 대단했다-옮긴이). 메이첸은 이야기 속에서 '대열을 갖춘 빛의 형체들'이라는 식의 회화적인 묘사 이상은 하지 않았다. 책이 출판된 이

후 『오컬트 리뷰The Occult Review』의 편집자는 그 이야기가 뭐라도 사실적인 근거를 갖고 있는지를 메이첸에게 문의했다. 메이첸은 그것은 이야기일 뿐 아무런 사실적 근거도 없다고 답했다.

그 후 메이첸은 교구 잡지 편집자로부터 그 이야기에 권위를 부여할 수 있는 짧은 서문을 써달라는 요구를 받았다. 메이첸은 그 이야기가 '순수한 창작'이라는 말을 되풀이해야 했다. 잡지 편집자는 다시 편지를 보내왔다. 『궁수』에 나오는 사실들이 모두 진실이라 믿었는데, 제 생각이 오해였다는 말씀이군요.' 메이첸은 자신의 가벼운 소설이 특정 교회 신자들에게 아주 확실한 사실로 받아들여진 것이라고 거듭 해명했다.

어쨌든 이 이야기는 대중의 상상력을 사로잡았고, 대중들의 입맛에 맞게 각색되었다. 성 조지와 궁수들은 부차적인 것으로 밀려났고, 천상의 군대가 부각된 것이다. 메이첸의 말 대로, 대중들은 자애롭고 빛나는 초자연적 존재들을 천사라고 믿었다. 메이첸의 이야기 속 궁수들이 '몽스의 천사들'이 된 것이다.

이 시점에서 예리한 독자들이라면, 차터리스의 편지가 메이첸의 소설이 출간되기 전이라는 점을 지적할 것이다. 데이비드 클라크는 '차터리스의 편지 모음 중에 몽스의 천사들에 관한 편지 원본이 없음을 볼 때, 차터리스의 증언은 1914년에 시작된 것이 아니고 1931년에 조작된 것이라고 결론 내릴 수밖에 없다'고 폭로한다. 심슨과 라우드도, 차터리스가 자신의 기억에 의지해 당시의 기록을 과장했기 때문에 그가 주장하는 날짜는 신뢰할 수 없다고 한다.

클라크는 '몽스의 천사를 만들어내는 일에 군사 정보 당국이 초기부터 관여했다는 증거는 없지만, 이 이야기가 살아남도록 일정 역할을 했을 것이다'고 주장했다. 그는 몽스의 천사들에 관한 1차 대전 이후의 이야기들은 '기껏해야 출처 불명이고, 최악의 경우 완전한 거짓말들'이라 했다. 클라크는 이렇게 덧붙였다. '몽스의 천사들 이야기가 소설 『궁수』가 출판되기 전부터 있었다고 할 수 있는 증거는 하나도 없다는 메이첸의 주장은 백번 옳은 말이다.'

하지만 메이첸의 자유분방한 상상력은 세계 1차대전의 신화로 확고하게 자리 잡았고, 여전히 확고한 사실인양 사람들의 이야기 속에 소환되고 있다.

•••300명의 스파르타 병사가 페르시아 대군을 물리쳤다?

그리스 중부의 동쪽 해안에는 테르모필레라는 아주 좁은 협로가 있다. 기원전 480년 이곳에서 스파르타의 왕이 이끄는 그리스 소수 병력은 대규모 페르시아 군대에 맞서 사흘 동안 치열한 전투를 치렀고, 모두 전사했다고 전해진다. 고대 그리스의 역사가 헤로도투스는 이 전투를 엄청나게 불리한 상황에 맞서 싸운 영웅적 저항의 사례로 기록하고 있다. 19세기 스코틀랜드의 시인 조지 바이런 경Lord George Byron은 테르모필레에서 전사한 300인의 스파르타 병사를 기리는 시를 썼는데, 그 자신도 그리스 독립 전쟁에서 싸우다가 죽었다.

대지여! 그대의 가슴으로부터 돌려다오.

죽은 우리 스파르타 인들 중 몇 명만이라도!

300명 중에 3명이라도 돌려주어

새로운 테르모필레를 만들게 해다오!

바이런은 300명의 스파르타인들을 불멸의 존재로 만들었다. 하지만 이것은 이야기의 절반일 뿐이다. 『기원전 480년 테르모필레Thermopylae 480 BC』를 쓴 닉 필즈Nic Fields에 따르면, 300명의 헬로트(*고대 스파르타의 노예-옮긴이)가 가벼운 무장만 한 채 스파르타의 장갑 보병과 함께 싸웠다고 한다. 『브리태니커 백과사전』에는 보이오티아Boeotia 출신 1,100명의 전사들을 언급하고 있다. 『옥스퍼드 전사 지침』에서 존 라젠비John Lazenby는, 약 6,000명의 그리스인 전사들이 후미 방어를 맡았는데, 그들은 스파르타, 테스피에Thespiae, 테베Thebes 출신이었다고 주장한다. 한편 『옥스피드 고전 세계 사전Oxford Dictionary of the Classical World』은 스파르타,

테스피에, 테베, 그리고 추측컨대 미케네Mycenae 사람들까지 포함해 6,000~7,000명의 그리스 인들이 전투에 임했을 것이라고 한다(테베 사람들이 가장 마지막까지 싸웠다고 주장하는 자료들은 상당수 있다). 페르시아 군의 막대한 병력과 비교했을 때, 테르모필레 전투에 참여한 그리스인들은 소수였겠지만 전설의 300인보다는 더 많았을 것이다.

•••볼셰비키가 황제의 겨울궁전을 급습했다?

상트페테르부르크에 있는 겨울 궁전은 러시아 귀족들의 사치와 방탕의 상징이었다. 2월 혁명이 제국 정부를 뒤엎었고 10월 혁명으로 볼셰비키가 집권했다. 1917년 공산혁명이 진행되는 동안, 황제의 겨울궁전이 급습 당했다는 이야기가 전해지고 있다.

10월 혁명은 후에 볼셰비키에 의해 영웅적인 투쟁으로 미화되었다. 그러나『레닌과 러시아 혁명Lenin and the Russian Revolution』을 쓴 스티브 필립스Steve Phillips는 이 같은 미화가 몽땅 과장이며, 겨울 궁전은 습격 받은 적이 없다고 폭로했다. 톰 마스터스Tom Masters는『상트페테르부르크』란 책에서 별 것 아닌 몇 가지 손상만 입었을 뿐이라고 기록하고 있다. '포탄 3개가 건물을 때렸고, 광장에 면한 궁전 건물에 총알구멍이 조금 났고, 3층 유리창 하

나가 깨졌다.'

필립스는 말도 안 되게 적은 병력으로 10월 혁명이 가능했던 것은 지방정부가 아무 힘도 없었기 때문이라고 설명한다. 이미 전복시킬 가치도 없는 상태였던 것이다. 『소비에트 연방 흥망사 A History of the Soviet Union from the Beginning to the End』를 쓴 역사 교수인 피터 케네즈Peter Kenez도, 상트페테르부르크를 포위한 세력이 조직도 엉성하고 숫자도 얼마 안 되었음에도 불구하고 아무 저항도 받지 않았다고 한다. 정부가 망해가던 마지막 순간, 실질적으로 정부를 지켜줄 무장 병력은 없었다.

『러시아 군대와 함께, 1914-1917With the Russian Army, 1914–17』라는 제목의 비망록에서 영국군 장교였던 알프레드 녹스Alfred W. Knox는 이렇게 말한다. '겨울궁전의 수비대는 보급이 끊어져 이틀 동안 굶주렸기에, 대부분이 탈영한 상태였다. 명령을 내리고 기강을 잡을 지휘관도 없었고, 싸울 투지가 남아 있는 병사도 없었다.' 녹스가 묘사하는 다음 상황은 이렇다. '코사크 병사들도 유혈 사태에 반대한다고 선언하고 궁전을 떠났다. 오후 10시가 되자 대부분의 병력이 궁전을 떠났고, 공학학교 병력 일부와 여자들을 빼고 궁전을 수비할 병력은 거의 남아 있지 않았다.'

미국에서 출생한 존 리드John Reed는 1935년에 출간한 책 『세계를 뒤흔든 10일Ten Days That Shook the World』에서 이렇게 회상하고 있다. '새벽 2시, 반란군이 검은 강물처럼 밀려들어와 거리를 메웠다. 노래나 구호 한 마디 없이 우리는 붉은 아치형 문을 통해 궁전에 쏟아져 들어갔다. 통로 양쪽의 문은 활짝 열려 있었고 빛이 새어나왔다. 우리는 오른쪽 입구로 휩쓸려 들어갔고, 텅 빈 아치형 천장의 방문을 열었다. 약탈이 시작되자 누군가가 "동지들! 아무것도 손대지 마시오! 이건 인민의 재산이오!"라고 외쳤다.'

리드의 회고는 계속된다. '겁에 질린 융커(정부군 장교)들이 있었지만 폭력을 행사하지는 않았다. 반란군은 융커들에게 물었다. "이후에도 무기를 들고 인민들에게 적대 행위를 계속할 작정인가?" 그러지 않겠다고 약속한 융커들은 풀려났다.'

엔터테인먼트 산업이 '겨울궁전의 급습 사건'을 만들어냈다는 말은 어느 정도 사실인 듯하다. 세르게이 아이슈타인Sergei Eisenstein의 영화 『10월』로 인해 이 사건이 유명해졌기 때문이다. 그러나 이 위대한 감독에 의해 그려진 그런 활극은 실제로는 벌어지지 않았다. 얀 반 데어 엥크가 쓴 에세이 「극장 안의 몽타쥬와 영화Montage in Theatre and Film」에서 디트리히 쇼이네만Dietrich Scheunemann은 영화 『10월』의 중심 사건들이 '문헌적인 정통성'을 획득했다고 주장한다.

무혈혁명 같은 것은 있을 수 없다고들 하지만, 이 역사적 사건의 진실은 있을 수 없는 것은 없음을 알려주고 있다.

•••영국이 싱가포르를 잃은 것은 대포의 방향 때문이다?

2차 세계대전이 한창이던 1942년 2월, 영국에 치욕을 안겨준 사건이 발생했다. '말레이의 호랑이'란 별명으로 불리던 야마시타 토모유키山下奉文 일본군 중장이 싱가포르를 수비하고 있던 10만여 명의 영국군과 영연방군을 생포함으로써 말레이시아를 점령했기 때문이다. 그전까지 영연방군의 싱가포르 수비대는 난공불락이라 알려져 있었기에 충격은 더 컸다. 탄약이 부족했던 야마시타는 정면공격을 피하고, 휘하의 병력을 섬의 뒤쪽으로 돌려 자전거를 타고 이동해 밀림을 돌파했다. 이 전략이 성공한 이유는 영국군의 우수한 해안포들이 바다를 향하도록 고정 배치되었기 때문이라고 한다. 내륙 방향으로는 포구를 돌릴 수 없었다는 이야기다. 『옥스퍼드 전사 지침』은 이 사건에 대해 '영국 전사에서 최악의 재앙이자 가장 큰 규모의 항복'이라고 평한 윈스턴 처칠의 말을 인용하고 있다. 싱가포르를 빼앗긴 참패의 원인은 제 방향을 찾지 못했던 대포들 탓이 전부였다는 것이 오늘날 대중들의 믿음이다.

『싱가포르는 함락되어야 했나?Did Singapore Have to Fall』의 저자인 칼 해크와 게빈 블랙번Karl Hack and Kevin Blackburn은 1942년 2월 초 싱가포르를 탈출한 군인과 민간인들로 인해 이 같은 잘못된 낭설이 퍼지게 됐다고 주장한다. 정말이지 한 병사는 2개의

15인치 포로 구성된 부오나 비스타 포대가 한 발의 포격도 한 적이 없다고 증언했다. 영국 신문 「더 타임즈The Times」의 기자 이언 모리슨Ian Morrison은 자신의 책 『말레이안 후기Malayan Postscript』에 이 병사의 증언을 그대로 옮겼다. '대포들은 땅바닥에 콘크리트로 고정되어 내륙 쪽으로 포신을 돌릴 수 없었고, 대포 대부분은 발사된 적이 없었다.' 이뿐만이 아니다. 「말라야 트리뷴지Malaya Tribune」의 기자 에드윈 글로버Edwin Glover는 『70일In Seventy Days』이란 책에서 이렇게 쓰고 있다. '16인치 포들은 아무 역할도 할 수 없었고, 내가 알기로 발사된 적도 없었다. 왜냐하면 포들이 모두 엉뚱한 방향을 향하고 있었기 때문이다.' 1951년 발간된 처칠의 『2차 세계대전 회고록Memoirs of the Second World War』도 이 대열에 동참했다. '많은 무기들이 바다 쪽으로만 사격을 가할 수 있게 되어 있었고, 싱가포르 방어 전략은 철저히 바다 쪽의 공격을 막기 위해 수립됐다'는 야전사령관 아치볼드 웨이블Archibald Wavell의 전문(電文)을 소개하고 있는 것이다.

이런 무게감 있는 증언들에도 불구하고 『전사Military History』는 '모든 주요 해안포는 사실 수평 방향으로 360도 회전이 가능했다'는 사실을 지적한다. 『태평양전쟁The Pacific War』의 저자 앨런 레빈Alan J. Levine도 모든 포는 어느 방향으로나 수평 회전이 가능했다고 증언했다.

『옥스퍼드 2차 세계대전 지침』은 포들이 내륙을 향해 사격할 수 있도록 수평 회전할 수 있었지만 육지 전투를 위한 보조 장비나 적절한 탄약이 없었음을 밝히고 있다. 『갈등하는 세계World in Conflict』의 저자 고든 그리어Gordon B. Greer 역시 같은 의견을 피력했다. '싱가포르의 대포들이 북쪽을 향해 사격할 수 있도록 배치되고 적절한 탄약 보급이 이뤄졌더라면, 그런 낭설은 만들어지지 않았을 것이다. 습격해온 일본군을 몰아내기 위해 필요했던 것은 경포(輕砲)와 자동화 무기였다.' 『제2차 세계대전, 매일의 기록World War II Day by Day』에서 앤터니 쇼Anthony Shaw는 당시의 상황을 이렇게 설명하고 있다. '훌륭한 장비를 갖춘 노련하고 냉혹한 일본군은 병력 대다수가 자전거를 타고 영국군을 계속해서 압박했다.'

싱가포르 함락 때 영국군의 대포가 엉뚱한 방향으로 배치됐다는 주장은 제멋대로 각색한 소설에 불과하다. 처칠의 회고록을 편집한 리처드 홈스는 이렇게 말한다. '전쟁에서 패한 것은 보다 평범한 이유 때문이었다. 전쟁 발발 전에 방어 전략을 짜면서 균형 잡힌 자원 투입에 실패했기 때문이다.'

거기에 덧붙여 자전거에 대항할 무기가 부족했기 때문이었을 수도 있다.

4.

의심스러운
민중의 영웅들

•••로빈 후드는 셔우드 숲에 살았다?

로빈 후드의 실제 인물은 과연 누구일까? 세상엔 많은 이야기들이 있지만, 어떤 특정한 역사적 인물도 이 '선량한 무법자'라고 확인된 적이 없다. 홀트J. C. Holt는 『옥스퍼드 영국 인명사전Oxford Dictionary of National Biography』에서 로빈 후드의 실제 인물이라 짐작되는 사람을 찾아냈다. 1261년 버크셔Berkshire 주재 왕실 수입 징수관의 비망록을 보면, 수입 징수관이 사전 경고 없이 윌리엄 로브후드William Robehod의 동산을 압류한 것에 대해 용서를 구한다는 내용이 확인된다. 폴라드A. J. Pollard는 『로빈 후드를 그리며 Imagining Robin Hood』란 작품에서 로빈 후드가 본질적으로 허구의 산물이란 결론을 내렸다.

문학 분야에서는 14세기에 처음으로 로빈 후드가 언급되고 있다. 시인 윌리엄 랭글런드William Langland의 종교적인 시 '농부 피어스Piers Plowman'에 등장하는 한 인물이 '나는 로빈 후드의 각운을 알고 있다'고 말하고 있는 것이다. 홀트는 로빈 후드 전설의 캐릭터들이 실존 인물이라고 계속 주장한다. 캐릭터 중 하나인 '메이드 마리안'은 문학적이고 드라마적인 허구로 소개되었지

만, 또 다른 캐릭터인 '수도사 터크Friar Tuck'는 15세기 서섹스Sussex의 교구 주임 사제였던 로버트 스태포드 Robert Stafford라는 실존 인물이라는 것이다. 홀트에 따르면, 타락한 교구 사제가 살인을 하고 도둑질을 하는 무리에 합류한 것이다.

로빈 후드 전설은 불가피하게 노팅엄의 셔우드 숲과 연결된다. 앤드루 와인타운Andrew Wyntoun은 1420년 작 『원본 연대기 Orygynale Chronicle』에서 리틀 아이오헌Litil Iohun 및 로버트 후드Robert Hude는

숲속의 무법자였다고 주장한다. 그들은 자신들이 거주하고 사냥과 노동을 했던 인길우드Ingilwode 및 버니스데일Bernnysdaile에서 사람들의 호감을 샀다고 한다. 이런 초기의 자료들을 보면, 요크셔의 반스데일Barnsdale, 혹은 러틀랜드Rutland에 있는 반스데일에서 활동했던 그 '선량한 무법자'들을 지칭하고 있는 듯하다.

와인타운의 책이 나오고 30년 만에(1450년) 출간된 서사시 모음집 『로빈 후드 이야기Gest of Robyn Hode』는 이런 생각을 지지한다. 그 책에는 '내 이름은 반스데일의 로빈 후드다'와 같은 구절이 있다. 이야기 속에서 자부심 강한 노팅엄Notingham의 영주는 이렇게 말한다. '로빈은 반스데일에 근거지를 두고 있지만, 오늘 나는 노팅엄에 갈 것이다.' 홀츠는 『로빈 후드 이야기』의 주 무대가 요크셔 주의 웬트브리지Wentbridge와 반스데일이라고 주장한다.

오늘날 로빈 후드가 노팅엄 출신이고, 셔우드 숲에 살았다고 알고 있는 것은 19세기 작가 월터 스코트 경Sir Walter Scott 덕분이다. 스코트는 객관적 사실이 재미있는 이야기를 방해하게 내버려두지 않았다. 1819년에 출간된 소설 『아이반호우Ivanhoe』에서 스코트는, 로빈이 리처드 왕에게 다음과 같이 말하게 함으로써 로빈 후드를 확실하게 노팅엄에 자리 잡게 만든다. '전하, 더 이상 저를 록슬리Locksley라 부르지 마십시오. 저는 셔우드 숲의 로빈 후드이옵니다.'

그 후로 로빈 후드는 영원히 셔우드 숲에 살게 되었다.

•••미국의 개척자 다니엘 분은 포악한 살육자였다?

미국 개척 시대, 다니엘 분Daniel Boone은 애팔래치아 산맥(전통적
인 북미 원주민의 사냥터 중 하나)을 통과하는 길을 개척했을 수도 있
고, 그로 인해 서구 이주민들이 켄터키 주를 식민지로 삼는 데 공
을 세웠을 수도 있다. 하지만 그 모든 일들이 원주민을 총으로 쏘
아 죽임으로써 성취한 것은 아니다. 『다니엘 분: 미국 개척자의
삶과 전설Daniel Boone: The Life and Legend of an American Pioneer』에서 존
맥 패러거John Mack Faragher는 '분이 수많은 원주민을 살해한 포악
한 전사였다는 주장에 대해 분의 후손들이 이의를 제기했다'고
말하고 있다. 사실 『나의 아버지: 다니엘 분My Father: Daniel Boone』
이란 책에 실린 인터뷰에서 네이선 분Nathan Boone은 자신의 아버
지가 죽이려고 했던 사람은 단 한 명뿐이었다고 주장한다.

 분은 강에 가로막혀 꼼짝할 수 없게 된 적이 있었는데, 그 옆에
북미 원주민 하나가 쓰러진 나무에 앉아 혼자 낚시를 하고 있었
다고 한다. 분은 길을 개척하기 위해 그 원주민 남자를 총으로 쏘
아 죽일 수밖에 없었다. 하지만 그로 인해 길이 열렸기 때문에 자
신이 총을 쏴서 그 남자를 죽였다는 사실을 노골적으로 인정하
기 싫었다는 것이다. 그 원주민은 오랜 세월 개척 전선에 섰던 분
이 스스로 살해했다고 인정한, 몇 안 되는 원주민 중 한 사람이라
는 것이 패러거의 설명이다. 네이선 분은 그의 아버지가 더 많은

원주민들을 죽였을 것
이라고 말한다. 꼭 죽일
의도가 없었더라도 아
버지가 쏜 총알이 누군
가에게 치명상을 입혔
을 수도 있다는 얘기다.

분의 전설은 1784년
출간된 존 필슨의 책 『분
대령의 모험The Adventures
of Colonel Daniel Boon』(주인
공 성의 철자가 잘못돼 있다)
에서 시작됐다. 필슨의 설명에 따르면, 켄터키 주에 정착하고자
했던 사람들은 원주민들에게 약탈당하고, 살해당하면서 극도로
낙담했지만, 분 대령만은 예외였다. 분 대령은 마치 황야의 주민
인 것처럼 당당한 자세를 유지했다고 한다.

다니엘 분이 원주민을 살육하지 않았다면, 단지 곰 몇 마리
만 죽였던 걸까? 분이 나무에 새겼다고 알려진 유명한 글이 두
개 있다. 하나는 테네시 주 워싱턴 카운티에 있는 것으로 '1760
년 D. 분이 나무에 A. 막대기를……D. Boon Cilled A. Bar on Tree in the
year 1760'이라고 적혀 있다. 다른 하나는 루이스빌Louisville에 있는
필슨 역사협회 박물관Museum of Filson Historical Society에 있는데 'D.

Boon Kilt a Bar, 1803'이라고 적혀 있다. 두 개의 글 모두 철자가 틀렸다. 40년이 넘는 시간 동안 분의 철자 능력은 향상되지 않았던 것이 분명하다. 하지만 어떻게 자신의 이름조차 제대로 적지 못했을까 의아해 하는 독자들도 있을 것이다. 18세기 미국인 중에는 상황별로 자신의 이름을 다르게 표기하는 사람들이 꽤 있었다는 것이 단서가 될 수 있다. 하지만 패러거의 생각은 다르다. 패러거는 분이 자신의 이름을 쓸 때 성의 마지막에 'e'를 절대 빼놓지 않았다고 주장하면서, 반문맹이 쓴 것 같은 'Boon'은 그 글이 가짜라는 단서라고 말한다.

분의 후일담은 티모시 플린트Timothy Flint에 의해 윤색됐다. 플린트는 1833년 출간된 자신의 책『켄터키 최초의 정착민 다니엘 분의 전기적 회고Biographical Memoir of Daniel Boone, The First Settler of Kentucky』에서 분이 곰과 싸운 일화를 소개하고 있다. '암곰을 겨냥해 쏜 총알이 빗나가자, 분은 칼을 빼어 들었다. 암곰은 뒷발로 땅을 딛고 일어나 커다란 발로 분을 움켜쥐었다. 분은 곰의 몸에 칼자루가 들어갈 때까지 힘껏 찔렀다. 드디어 곰은 힘없이 땅바닥으로 무너졌다.' 우와, 정말 엄청난 사람이다!

분은 알려진 것처럼 너구리 모피 모자를 쓰지도 않았다.『다니엘 분의 농가 주택Daniel Boone Homestead』을 쓴 샤론 허니스 실버만Sharon Hernes Silverman은, 분이 그런 스타일을 문명화되지 않은 것으로 여겼다고 한다. 분이 고집한 것은 비버 가죽으로 만든 모자였다. 너구리 모피 모자의 전설은 『켄터키 사냥꾼The Hunters of Kentucky』이란 민스트렐 쇼(*백인들이 흑인으로 분장하고 노래, 춤, 개그 등을 하던 쇼-옮긴이)에 출연했던 한 배우가 비버 모자를 찾을 수 없자, 대신 썼던 너구리 모자로부터 시작됐을 것이다.

거친 서부를 불굴의 의지로 개척했던 사나이 분은 '길을 잃은 적이 없느냐'는 질문에 이렇게 대답했다고 한다. '길을 잃은 적은 없었소. 하지만 사흘 동안 혼란에 빠진 적은 한 번 있었지.' 분은 겸손한 영웅이거나, 적어도 그렇게 보이는 사람이었다. 패러거는 분이 했던 말을 인용한다.

'환타지에나 존재할 많은 영웅적 행위와 기사도적인 모험들이 나와 연결되어 있소. 나와 함께 세상은 위대한 해방을 이뤘지만, 여전히 나는 한 명의 보통 사람이라오.'

•••윌리엄 텔은 아들 머리에 놓인 사과를 쏘았다?

윌리엄 텔은 아들의 머리 위에 놓인 사과를 화살로 맞춘 명궁으로 유명하다. 스위스의 알트도르프Altdorf를 방문한 사람들은 1307년에 만들어진 윌리엄 부자의 조각상을 보고 감탄하곤 한다. 이 전설이 어디서 어떻게 시작되었는지 알아보자. 자신의 권위를 과시하고 싶어 안달이 났던 오스트리아의 독재자 헤르만

게슬러Hermann Gessler는 알트도르프 저잣거리에 '높은 기둥'을 세우고 그 꼭대기에 자신의 모자를 걸어놨다고 한다. 19세기 독일 극작가 프리드리히 본 쉴러Friedrich von Schiller에 따르면, 모든 마을 사람들은 무릎을 꿇고 그 모자에 경의를 표해야 했다. 그 행위를 거부했던 윌리엄 텔은 '활을 들어라. 그리고 저 꼬맹이(텔의 아들)의 머리 위에 있는 사과를 쏘아라'는 명령을 받게 된다. 텔은 아찔한 이 과업을 완수했지만, 후에 조금 경솔하고도 무모해 보이는 고백을 했다. '만약 내가 쏜 화살이 내 아들에게 맞았더라면, 두 번째 화살은 당신을 겨냥했을 것이다. 그리고 단언컨대 두 번째 화살이 빗나가는 일은 없었을 것이다.' 결국 텔은 자신의 믿음직한 석궁으로 화살을 날려 사악한 게슬러를 죽였다.

그러나 사실인즉슨 스위스의 어떤 아이도 머리에 사과를 올려놓는 위험한 이벤트의 희생자가 아니었는데『브리태니커 백과사전』은 그 이유를 이렇게 알려준다. '텔이 존재했다는 증거는 없다.'

조너선 스타인버그Jonathan Steinberg's가 쓴 『스위스는 왜?Why Switzerland?』라는 책에 따르면, 윌리엄 텔 이야기는 1474년 발행된 『자르넨 백서White Book of Sarnen』(*자르넨은 스위스의 한 주-옮긴이)에 처음 등장한다. 『미리엄-웹스터 문학 백과사전Merriam-Webster's Encyclopedia of Literature』은 윌리엄 텔의 전설이 길크 츄디Gilg Tschudi의 18세기 작품 『스위스 연대기Chronicon Helveticum』에 등장한다고 주장한다. 쉴러의 희곡 『윌리엄 텔』의 1804년 판의 서문엔 이렇게 씌어 있다. '이 이야기는 15세기 스위스 지역에 존재했던 세계적인 전설에 근거한 것이다.' 당시 오스트리아의 지배를 받고 있던 스위스 국민들은 반란자 텔의 이야기를 국민 저항의 역사에 편입시켰다. 아버지에게 아들을 쏘게 한 이 비정한 지배자

의 이야기는 오스트리아의 압정에 대항해 봉기하도록 사람들을 자극하기에 충분했을 것이다.

텔의 이야기는 1829년 이탈리아 작곡가 지오아키노 로시니 Gioacchino Rossini가 오페라로 작곡함으로써 더 유명해졌다. 그 오페라는 공연시간이 장장 6시간이나 되어 오늘날엔 거의 공연되지 않는다.

윌리엄 텔의 전설은 명사수였던 텔의 솜씨를 이야기하고자 했던 것이 아니다. 텔은 그의 정교한 궁술 실력을 통해 부당한 권력의 강요를 거부하고 싸워서 승리했기 때문이다. 이번엔 미국의 소설가 윌리엄 버로우즈William S. Burroughs 얘기를 해보자. 1951년

마약에 취한 버로우즈는 윌리엄 텔 흉내를 내며, 자신의 두 번째 부인 조앤Joan의 머리 위에 사과를 올려놓고 총을 쏘았다. 그리고 총에 맞은 부인은 사망했다.

이 사건은 총기에 매료된 술 취한 소설가 앞에서, 사과를 머리 위에 올려놓는 것은 위험하다는 유익한 교훈을 주고 있다.

•••폴 리비어는 말을 달리며 '영국놈들이 온다'고 외쳤다?

미국의 민중 영웅, 폴 리비어Paul Revere의 유명한 질주에 대해 얘기해보기로 하자. 『요크타운 가는 길In The Road to Yorktown』에서 전사가(戰史家) 존 셀비John Selby는 이 사건에 대해 다음과 같이 서술하고 있다. '미국 독립전쟁이 시작된 1775년 4월 18일, 영국 장군 토머스 게이지Thomas Gage는 반란을 진압하라는 명령을 받고 비밀 지시를 내렸다. 주민을 약탈하거나 개인 재산을 손상하는 일이 없도록 주의하면서, 콩코드Concord에 있는 대포와 탄약을 압수하고 파괴하라는 것이었다.' 하지만 그날 저녁 게이지는 경악했다. 온 동네 사람들이 어떻게 하면 붉은 외투들(영국군)의 공격을 방해할지 소리 죽여 의논하고 있었기 때문이었다. 미국 대륙에서 태어난 탓에 애국심이 부족했던 게이지의 아내가 동네 사람들에게 정보를 흘린 것이다. 이런 상황은 게이지를 난처하게 만들었다. 그는 군수품이 빼돌려졌을 수 있다고 생각하면서도 원정 계획을 밀어붙였다. 대포의 일부는 압수할 수 있을 것이고, 그렇다면 작전은 어느 정도 성공한 것이라 여겼기 때문이었다. 『코피 터진 몇 사람A Few Bloody Noses』에서 로버트 하비Robert Harvey는 게이지의 이런 판단을 '재앙을 불러온 오산'이라고 단언한다.

사람들의 머릿속에 있는 폴 리비어의 이미지는 영국군들이 곧 도착한다는 사실을 알리기 위해, 자신을 돌보지 않은 채 말을 타고 시골 마을을 달리는 모습이다. 사실 그런 모습이 많은 그림 속에 등장한다. 그러나 그는 자신이 할 일을 했을 뿐이다. 1798년 지인에게 보낸 편지에서, 리비어는 이렇게 말하고 있다. '나는 보스턴 시내의 행정위원으로 일하고 있었고, 내 임무는 의회 소집을 위한 긴급 공문을 뉴욕과 필라델피아에 전달하는 것이었네.' 그는 영국군 원정의 목표가 반체제 활동을 하는 존 핸콕 John Hancock과 새뮤얼 애덤스Samuel Adams일 거라고 오

해하고 있었다. 리비어는 긴급 공문 임무를 맡은 동료 윌리엄 도스William Dawes와 함께, 두 사람에게 위험을 알리기 위해 콩코드가 아니라 렉싱턴Lexington으로 파견되었다.

거의 100년이 흐른 뒤인 1863년, 시인 헨리 워즈워스 롱펠로우Henry Wadsworth Longfellow는 '폴 리비어의 질주Paul Revere's Ride'란 제목의 서사시에서 이를 불멸의 사건으로 만들었다. 시는 이렇게 시작된다. '들어라 아이들아, 너는 들어야 할 것이다. 폴 리비어가 한밤중에 말을 달린 이야기를.' 여기서부터 사실과 허구의 구분이 흐릿해진다. 즉 롱펠로우는 리비어가 랜턴 신호를 기다렸다고 주장한다. '땅으로 오면 하나, 바다로 오면 둘. 나는 건너편 해안에 있을 것이고, 말을 달려 위험을 알릴 준비가 되어 있을 것이다. 미들섹스의 모든 마을과 농장에.'

하지만 『콘사이스 옥스퍼드 미국 문학 지침The Concise Oxford Companion to American Literature』은 리비어가 랜턴 신호를 기다린 적이 없다고 폭로한다. 리비어 스스로 신호는 자신이 보냈으며, 신호가 온 적이 없다고 증언했다. '우리는 노스 처치 첨탑North Church Steeple에 있는 랜턴으로 신호를 보낼 작정이었다. 만약 찰스 강(*보스턴에 있는 강-옮긴이)을 건너기 어렵다면 보스턴 넥을 건너가려 했다.'

『반란군과 붉은 외투들Rebels and Redcoats』에서 조지 쉬어 George F. Scheer와 휴 랭킨Hugh F. Rankin은 말한다. '리비어는 어떻게 해서든 찰스타운Charlestown에 가려고 했지만, 만약 실패한다면 랜턴을 이용해 그 정보를 대령에게 알릴 작정이었다.'

콩코드의 질주에 대해, 리비어 자신은 이렇게 설명하고 있다. '나는 메드포드Medford에서 미니트맨Minute men(*원래는 미국 독립 전쟁에 참여한 매사추세츠 주 민병대를 말한다. 소집하면 1분 안에 달려온다는 의미에서 붙여진 이름-옮긴이)의 대장을 깨웠고, 사람들에게 곧 닥칠 위험을 경고하며 핸콕 대령과 애덤스 씨가 있는 렉싱턴에 도착했다.' 리비어는 수비대로부터 너무 시끄럽다는 비난을 들어야 했다.『폴 리비어의 질주Paul Revere's Ride』를 쓴 데이비드 해켓 피셔David Hackett Fischer는 리비어가 이렇게 대답했다고 기록하고 있다. '시끄럽다고? 머잖아 너희들은 엄청난 소리를 듣게 될 거야! 정규군들이 오고 있다니까!' 아마 이때 한 말이 흔히 인용되는 '영국놈들이 오고 있다'의 기원일 것이다. 리비어가 대학을 나왔다면 분명히 정규군Regulars, 붉은 외투들Redcoats, 왕의 군대the King's men, 그리고 관군Ministerial Troops이란 용어를 썼을 것이라고 피셔는 지적한다. 또한 그는 이렇게 덧붙였다. '리비어가 "영국놈들이 오고 있다"고 소리쳤다는 말을 전한 확실한 소식통은 전혀 없다. 1775년에는 매사추세츠 주에 사는 사람들 모두가 자신들을 영국인이라고 생각하고 있을 때였기 때문이다.' 피셔는 식민지 주민이었던 제이슨 러셀Jason Russell이 했던 말은 소개힌다. 러셀은 왜 자신의 집을 방어할 준비를 하느냐는 질문에 '영국인의 집은 자신의 성이기 때문'이라고 대답했다는 것이다.

렉싱턴에 도착한 리비어와 도스, 그리고 반체제 인사인 애덤
스와 핸콕은 영국의 군대 파견 규모가 너무 커서 두 사람의 반체
제 인사를 체포하기 위한 것으로는 보기 어렵다는 사실을 깨달
았다. 『브리태니커 백과사전』도 영국군이 두 사람을 찾아내려는
노력을 하지 않았다는 데 동의한다. 그때서야 그들은 영국군이
콩코드에 있는 군수품을 노리는 것이라고 제대로 추론할 수 있
었다. 리비어와 도스, 새뮤얼 프레스콧 박사는 다시 콩코드를 향
해 말을 달렸다.

롱펠로우의 서사시는 리비어가 자신의 임무를 완성한 것으로
그리고 있다. '그들이 콩코드 시내의 다리에 도착했을 때, 마을의
시계는 2시를 가리키고 있었다.' 그러나 사실 리비어와 도스는
영국군에 의해 저지당했고, 콩코드에는 도착하지 못했다. 『옥스
퍼드 미국 역사 안내서The Oxford Companion to United States History』는
리비어가 여러 시간 동안 구금당했다고 전한다. 리비어와 도스
는 말도 잃어버렸다. 영국 근위 보병연대의 사전트Sargent가 가져
가 버렸던 것이다. 리비어와 도스는 걸어서 렉싱턴으로 돌아갔
다. 리비어의 기록 중에는 '프레스콧이 말을 타고 낮은 석벽을 뛰
어넘었다'는 구절이 있다. 콩코드에 도착한 사람은 리비어가 아
니라 프레스콧이었던 것이다. 롱펠로우의 서사시는 이렇게 바뀌
어야 한다. '들어라, 아이들아. 내가 안 사실을. 그것은 좀 더 정확

하게 샘 프레스콧의 이야기란다.'

대부분의 사람들은 리비어가 서둘러 말을 달린 덕분에 렉싱턴의 식민지 주민들이 붉은 외투들의 공격에 대비할 수 있는 소중한 시간을 벌었다고 알고 있다. 하지만 로버트 하비는 리비어의 경고가 너무 일렀다고 한다. 셀비도 비슷한 이야기를 한다. 리비어가 경고했을 때는 영국 병사들이 너무 멀리 떨어져 있어서, 사람들은 나중에 북 치는 소리가 들리면 다시 모이라는 지시를 받고 해산했다는 것이다.

동틀 무렵, 게이지 장군 휘하의 붉은 외투들이 렉싱턴에 도착했다. 1886년 출간된 전기 『타운-미팅의 인물 새뮤얼 애덤스 Samuel Adams the Man of the Town-Meeting』에서, 제임스 켄달 호스머 James Kendall Hosmer는 이렇게 서술하고 있다. '애덤스와 핸콕은 들판을 가로질러 렉싱턴에서 워번Woburn으로 도망쳤다. 한 친구의 집에 도착해 안전이 확보되자 애덤스는 "이 얼마나 영광스런 아침인가!"라고 외쳤다고 한다.'

렉싱턴 전투에서 영국군과 식민지 민병대 양측은 먼저 총을 쏘지 말라는 엄격한 지시를 받았다. 『미국 역사의 진실-탐구자 The Great American History Fact-Finder』는 누가 먼저 총을 쏘게 될지 알 수 없었다고 밝힌다. 하비의 서술에 따르면, 신경을 곤두세운 군대가 서로의 사격 범위 안에 들어왔을 때, 먼저 발포하는 일은 가장 끔찍한 사고 중의 하나라고 한다. 양측 모두 사상자를 냈고,

결국 식민지 민병대는 압도적인 수적 우위에도 불구하고 퇴각하고 말았다. 붉은 외투들은 콩코드 전투가 치러지기 전까지 거침없이 진격했다.

5.

거짓투성이
정치가들

•••링컨은 편지 봉투 뒤에 게티스버그 연설문을 썼다?

1863년 게티스버그 전투가 있은 지 넉 달 후, 목숨을 잃은 병사들의 장례식이 열렸다. 매사추세츠 주의 웅변가 에드워드 에버레트Edward Everett가 이 자리에서 연설하기로 되어 있었다. 그리

고 장례식엔 미국 대통령 에이브러햄 링컨도 초청되었다. 대통령이 직접 장례식에 참석하고 연설까지 하겠다고 수락한 것은 이례적이고 놀라운 사건이었다. 그러나 『옥스퍼드 미국 역사 안내서』는 링컨이 장례식에 참석하러 가던 줌에 편지 봉투의 뒷면에 연설문을 휘갈겨

썼다는 이야기는 어불성설이라고 말한다. 그런 주장이 나오게 된 배경은 에버레트의 두 시간 분량의 공들인 연설과 대비되는 링컨의 짧은 연설(3분 정도) 때문이라는 것이 정설이다.

『게티스버그 전장Gettysburg Battlefield』을 쓴 데이비드 아이허 David J. Eicher도 연설문이 봉투에 쓰인 적이 없다는 데 동의한다. 아이허는 다음과 같이 폭로했다. '다섯 장의 원고가 링컨의 손에 들려 있었고, 그중 어느 것도 봉투 뒷면에 쓰인 것은 없었다. 링컨은 워싱턴에서 연설문 원고를 썼다.'

링컨의 연설은 한참 후에야 각광받게 되었다는 주장도 꽤 있다. 노먼 햅굿이 쓴 『에이브러햄 링컨』에 따르면, 연설 후 청중들의 박수에 열정이 없음을 느낀 링컨이 매우 실망스러워 했다고 한다. 링컨이 친구에게 '완전 실패야, 사람들이 실망했어!'라고 말했다는 것도 사실일 가능성이 크다. 그러나 『미국사 안내서』의 보고에 따르면, 링컨의 연설은 청중들의 박수갈채 때문에 다섯 번이나 중단됐었다고 한다.

새뮤얼 플래그 버미스가 쓴 『미국 국무부 장관들과 외교정책 The American Secretaries of State and their Diplomacy』은 웅변가인 에버레트가 링컨에게 쓴 편지를 소개하고 있다. '당신이 2분 만에 전달했던 그 핵심 생각에 저는 그나마 2시간을 들여 근처까지 갈 수 있었다고 자부합니다.' 『존 헤이의 생애와 편지The Life and Letters of John Hay』라는 책에는 링컨의 비서였던 존 헤이의 말이 소개되어 있다. '대통령은 멋지고 자유로운 방식으로, 그분이 늘 그랬던 것보다 더 우아하고 길지 않게 연설을 했으며, 음악이 구슬프게 울렸고 우리는 환호하는 군중들로 가득한 거리를 통과해 집으로 돌아왔다.' 에버레트의 2시간짜리 웅변(햅굿이 지적하듯 지금은 기억되지 않고 있다)이 진행되는 동안 자리를 지켰던 청중들은 아마도 링컨의 연설이 3분 만에 끝나리라고는 상상도 못했을 것이다. 아마 링컨의 연설이 끝났는지 안 끝났는지 몰라서, 마지막 박수를 칠지 말지 갈등했을지도 모르겠다.

이 상황에서 '간결함'은 분명 링컨에게 도움이 되었을 것이다. 하지만 봉투 뒷면에 연설문을 쓸 정도까지는 아니었던 듯하다.

•••무솔리니가 이탈리아 열차를 정시운행하게 만들었다?

1920년대 이탈리아 열차는 전 유럽인들이 선망하는 대상이었다. 열차 서비스를 파시즘이 갖는 효율성의 상징으로 만들기 위해, 무솔리니가 온갖 노력을 다 기울였기 때문이다. 전기 작가 데니스 맥 스미스Denis Mack Smith가 쓴『무솔리니Mussolini』라는 책을 보면 그 당시 상황을 짐작할 수 있다. 이탈리아의 열차 서비스가 향상됐다는 주장은 스페인 공주 율랄리아Eulalia에게도 들을 수 있다. 율랄리아는 1925년에 출간된 자신의 책『전후의 왕가와 나라들Courts and Countries after the War』에서 다음과 같이 주장했다. '무솔리니의 통치가 이탈리아에 가져온 최고의 혜택은 이탈리아를 횡단하면서 이런 말을 들을 때 절감하게 된다. "열차가 제시간에 도착하고 있다!Il treno arriva all'orario!"' 『옥스퍼드 현대 인용 사전Oxford Dictionary of Modern Quotations』은 무솔리니가 역장에게 지시하는 유명한 장면을 묘사하고 있다. '우리는 한 치의 오차도 없이 정시에 떠나야 하오. 지금부터는 모든 것이 완벽하게 돌아가야 한단 말이오.'

그렇지만 많은 정치가들이 그렇듯이, 높은 이상의 실현은 때때로 실제 성과보다 과장되어 있기 마련이다. 『무솔리니』에 실린 피터 네빌Peter Neville의 말에 따르면, 사실 이탈리아 철도에 대한 기초 작업은 무솔리니 집권 전에 실행되었다고 한다. 물론 약간의 개선은 있었겠지만, 변함없이 정시에 운행하는 축복 받은 열차라는 것이 어느 정도 편리한 대로 만들어진 신화에 불과하다는 이야기도 있다.

『황금기는 우리 안

에 있다The Golden Age Is In Us』란 책에서 알렉산더 코크번Alexander Cockburn은 미국의 탐사 전문기자 조지 셀더스George Seldes가 1936 년에 보도한 글을 소개한다. '커다란 급행열차는 시간표대로 운행되지만(일부 여행자들은 이 말에 대해서조차 반론을 편다), 지방의 열차들은 큰 시간차로 연착했다.'

전 세계를 통틀어 수백만 명의 통근자들이 무솔리니를 회상하며 찬양하는데, 그 이유는 단지 무솔리니의 선전 담당 부하들의 노력 때문이라는 것이 코크번의 주장이다. 맥 스미스는 무솔리니의 선전 선동이 아주 성공적이었다는 데 동의한다. 한편 네빌은 철도의 효율성 향상이 무솔리니의 과대 선전이 성공한 사례중 하나라고 본다. 게다가 코크번은 무솔리니가 모든 철도 사고와 연착 사건을 보도하지 못하도록 했다고 주장한다. 철도 서비스의 향상이란 측면에서 보면, 무솔리니가 정말 성공한 것은 스페인 공주를 속인 것밖에 없는 듯하다.

•••윈스턴 처칠은 여자 화장실에서 태어났다?

윈스턴 처칠의 어머니는 미국 사교계에서 명성을 떨치던 제니 제롬Jennie Jerome이다. 제니와 랜돌프 처칠 경Lord Randolph Churchill 은 만나자마자 격정적인 사랑에 빠졌다. 『처칠: 자서전Churchill: A

Biography』에서 로이 젠킨스의 설명에 따르면, 두 사람은 1873년 카우즈Cowes에서 열린 보트 경주 대회 선상파티에서 처음 만났고, 사흘 후에 결혼을 약속했다. 그들은 다음해 4월 15일, 파리 주재 영국대사관에서 결혼식을 올렸다. 그런데 결혼식 이후 일곱 달 반이 지난 시점인 11월 30일, 윈스턴이 태어났다. 그가 예정일보다 6주 정도 빨리 태어났다고 하더라도, 그의 생일은 충분히 의심을 불러일으킬 만했다. 사실 제니는 속도위반이었다.

『작위를 받은 미국인The Titled Americans』이란 책에서 엘리자베스 케호Elisabeth Kehoe는, 랜돌프 처칠 경이 그의 계모(북미 인디언 혈통으로 알려져 있다)에게 보낸 편지를 인용한다. 편지는 클로로포름(*마취제-옮긴이)이 없어 우드스탁Woodstock 법무관의 부인으로부터 빌려야 하므로 아기가 빨리 태어났으면 하는 제니의 바람을 전하고 있다. 편지의 행간에서 느껴지는 당황스러움은, 윈스턴의 탄생이 그의 어머니에게조차 놀라운 일이었음을 시사한다.

처칠의 탄생에 대해서는 두 가지 설이 대립하고 있다. 하지만 그 설들은 단지 동일한 설명의 절반씩을 서로 다른 일에 관련시키고 있을 뿐이다. 처칠이 옥스퍼드셔Oxfordshire에 있는 조상 대대로의 저택이자 랜돌프 경의 집인 블렌하임 궁전Blenheim Palace에서 태어났다는 사실엔 그 어떤 전기 작가도 이견이 없다. 이 부부는 아기가 탄생하면 들어갈 집을 런던에 짓고 있는 동안 그 성에 머물고 있었다. 문제는 어느 방에서 태어났느냐는 것이다.

가장 널리 알려진 버전은 제니가 무도회에 참석하고 있던 중, 미숙아의 상태로 여자 화장실에서 태어났다는 것이다. 의심할 바 없이 제니도 아이가 빨리 태어나는 것을 환영했을 것이다. 사실 그녀는 24시간 가까이 산통을 겪고 있던 중이었다.

두 번째 버전은 랜돌프 경이 계모에게 보낸 편지를 근거로 한 것이다. 그 편지에서 랜돌프경은 이렇게 밝히고 있다. '제니가 화요일 사냥꾼과 함께 나갔다가 넘어졌고 조랑말 마차를 타고 돌아다닌 탓에 토요일 밤이 되자 통증을 호소했습니다. 우리는 통증을 멈춰보려고 애썼지만 소용없었습니다. 진통이 시작된 후 출산까지 24시간이 넘게 걸렸지만, 런던의 산부인과 의사도 옥스퍼드의 간호사도 제때 오질 않았습니다. 아기는 우드스탁 지방 시골 의사의 도움만으로, 월요일 아침 아주 이른 시간에 태어났습니다.' 이 편지에는 그 어떤 종류의 화장실 얘기도 언급되어 있지 않다.

『최후의 사자The Last Lion』란 책에서 윌리엄 맨체스터는 두 가지 설명을 한데 엮어서 제3의 설명을 시도한다. 랜돌프 경의 언급대로, 화요일에 넘어진 제니가 토요일 밤에 열리는 성 앤드루 축일 무도회에 참석하겠다고 고집을 부렸을 것이란 얘기다. 랜돌프 경은 계모에게 보내는 편지이지라 '무모한 파티 참석'을 '무모한 마차 드라이브'로 바꿔놓았을 가능성이 크다. 맨체스터는 제니가 댄스 플로어에서 피루에팅pirouetting(*춤을 추며 크게 선회하는 동작-옮긴이)을 하던 중, 진통이 왔다고 설명한다. 그는 침실로 가던 제니가 현기증을 느끼고 블렌하임의 그레이트 홀을 벗어나자마자 작은 방으로 들어갔다고 주장한다. 『옥스퍼드 카운티의 역사A History of the County of Oxford』 제 12권에는 그 '작은 방'이 딘 존스Dean Jones의 방이고, 그 방은 그날 밤 여자 손님들의 벨벳 망토와 깃털 목도리 등을 보관하던 곳이라고 한다. 즉 숙녀들의 'cloakroom'이었던 것이다. cloakroom이란 단어는 원래 휴대품 보관소라는 의미를 갖고 있지만, 요즘에는 화장실을 완곡하게 표현할 때 사용되기도 한다. '작은 방'이 휴대품을 보관하는 'cloakroom'으로, 그리고 다시 '여자 화장실'로 바뀐 과정을 짐작할 수 있는 대목이다.

사실 윈스턴 처칠 경은 월요일 이른 아침, 설비가 잘 갖춰진 블렌하임 궁전의 방에서 시골 의사의 도움을 받아 태어났다. 처칠은 자신의 출생에 관한 질문을 받고 이런 대답을 한 것으로 유명하다.

"내가 그 상황에 있었던 것은 확실한데, 당시 어떤 일이 일어났는지는 기억이 잘 나지 않는군요."

•••넬슨 제독은 트라팔가 해전에서 죽기 원했다?

1805년 프랑스와 영국이 맞붙은 트라팔가 해전이 진행되는 동안, 영국 해군 제독 넬슨Viscount Horatio Nelson은 자신의 배 빅토리Victory의 함상에서 죽기로 마음먹었다고 한다. 이 같은 이야기가 떠도는 것은 전투가 있던 날 아침, 넬슨이 왼편 가슴에 마치 '여기를 겨냥해 쏴라는 듯' 별들을 바느질해 붙인 프록코트를 입었기 때문이다. 같은 배에 타고 있던 외과 의사 윌리엄 비티 박사Dr William Beatty는 그런 넬슨의 행동을 만류했다. 하지만 넬슨은 모든 장교들에게 갑판 위에 머물지 말고, 자신이 맡은 구역으로 돌아가라는 명령을 내렸다. 그 후 넬슨은 저격수가 자신을 쏘기 쉽도록 갑판 위를 어슬렁거렸다고 한다.

『해군 중장 비스카운트 넬슨 경의 긴급 전문과 편지The Dispatches and Letters of Vice Admiral Lord Viscount Nelson』라는 책에서 기함(旗艦)의 함장이었던 토머스 하디Thomas Hardy는, 넬슨이 포츠머스 항을 떠난 뒤 평상시 입던 제복을 차려 입었으며, 그

옷은 '바스의 별'이 수놓아진 평범한 푸른색 코트였다고 한다. 같은 책에서 비티는 다음과 같이 진술하고 있다. '왼쪽 가슴에 다양한 모양의 별 4개가 붙어 있는 프록코트는 넬슨 제독이 평상복 차림일 때 늘 함께 입던 것이었다.' 그런 옷차림으로 프랑스의 저격병이 쏜 총알에 맞았기 때문에, 사람들은 넬슨이 줄곧 죽기를 원했다고 생각했을 수 있다.

『영국 인명사전』에 게재된 로저A. M. Rodger의 글은 '넬슨이 간절히 죽기를 원했다거나 무모하게 죽음을 자초했다는 증거는 없다'고 밝히고 있다. 『호레이쇼 넬슨』이란 책에서 톰 포코크Tom Pocock는 이렇게 서술하고 있다. '넬슨이 영국으로의 귀환을 기대하고 있었다는 점에는 의심의 여지가 없다. 전투가 벌어지기 이틀 전에 자신의 딸 호라티아Horatia(*엠마 해밀턴과의 불륜으로 태어난 딸-옮긴이)에게 보낸 편지에 '네가 나를 위해 기도해주리라 믿는다. 그리고 그리운 머튼Merton(*넬슨이 정부인 엠마 해밀턴과 살았던 런던 근교 지역-옮긴이)으로 한시바삐 돌아갈 수 있기를'이라고 적혀 있기 때문이다.

포코크는 넬슨 제독 가슴의 별들이 눈에 잘 띄지 않는, 천으로 된 복제품 장식이란 점을 들어 수수께끼를 해결했다. 그 당시 작위를 받은 기사들은 자신의 신분을 과시하는 휘장을 항상 달고 다녔다. 옷에 수놓은 별들은 시간을 절약하기 위해서였다. 즉 코트에 금속 조각 메달을 떼었다 달았다 하는 것보다는 영구적으로 별이 수놓아진 코트를 입는 것이 장식 효과는 좀 떨어지더라도 시간 면에서 경제적이었다는 얘기다. 사실 『넬슨 경의 긴급 전문과 편지들』중에서는 비티가 쓴 글보다 하디의 글이 자주 인용된다. 넬슨이 죽기를 원해 자신을 두드러져 보이게 하는 장식을 했다는 이야기가 좀 더 극적이기 때문일 것이다.

넬슨은 그런 장식물이 눈에 잘 띤다는 것을 인정했으나, 옷에 수놓아진 별을 어찌하기엔 너무 늦었던 것이다. 만약 넬슨이 프랑스 해군의 공격에 신경을 쓰는 것만큼 자신의 복장에 관심을 가졌다면, 트라팔가 해전의 결과는 아주 달라졌을지도 모른다.

"넬슨 경, 프랑스 놈들이 공격해 옵니다!"

"하디, 5분만 기다리게. 어쨌거나 완벽한 프록코트 복장을 갖춰야겠네."

•••나폴레옹은 키가 작았다?

나폴레옹의 키가 5피트 2인치(약 157.5cm)라고 주장하는 기록들은 많다. 『나폴레옹 회고록Memoirs of Napoleon Bonaparte』에서 프랑스의 전기 작가 클로드 프랑수아 메느발Claude François Méneval은 나폴레옹은 중키에(5피트 2인치 정도) 탄탄한 몸을 하고 있었다고 적고 있다.

『범상치 않은 장군No Ordinary General』이란 책에서 데스몬드 그레고리Desmond Gregory는 나폴레옹과 동시대 사람인 헨리 번버리 경Sir Henry Bunbury의 말을 인용해 말년의 나폴레옹은 키가 5피트 6인치(약 167.6cm)였다고 한다. 나폴레옹을 직접 본 적이 있는 조셉 파링턴Joseph Farington은 『파링턴 일지 1923-8The Farington Diary 1923-8』에서, 나폴레옹의 키가 5피트 7인치쯤 될 거라는 얘기들도 있지만 내 생각엔 5피트 6인치 이하일 것 같다고 적었다. 장 뒤아멜Jean Duhamel은 자신의 책『50일: 영국에서의 나폴레옹The Fifty Days: Napoleon in England』에서 그의 키는 5피트 6인치 정도이며 땅딸막한 체격이었다고 서술한다.

프랑스인과 영국인들의 이런 견해 차이는 왜 생긴 걸까? 그 의문을 풀 단서는 나폴레옹의 개인 비서였던 앙트완 포블레 드 부리엔느Louis Antoine Fauvelet de Bourrienne가 편집한 책의 각주(脚注)에 있다. 그 책에는 열다섯 살 나폴레옹의 학교 기록이 실려 있다. '나폴레옹은 1769년 8월 15일 생이고, 신장은 4피트 10인치, 10라인lines이다.' 이 기록은 프랑스에서 쓰이던 단위인 피트로 측정된 것이다. 19세기 초 영국과 프랑스의 길이를 재는 단위는 똑같이 피트와 인치였다. 하지만 프랑스의 단위가 영국의 단위보다 길었다. 캠벨 모핏Campbell Morfit의 1847년 저작인 『비누와 양초 제조에 적용되는 화학Chemistry Applied to the Manufacture of Soap and Candles』에서는 프랑스의 1피트는 영국의 1.066피트이고, 인치의 경우도 마찬가지라
고 한다. 참고로 라
인은 인치의 하위 단
위인데, 영국 인치의
0.0888배에 해당하
는 값이다. 이 같은
관행에 따라 15세 나
폴레옹의 키를 영국
의 측정 단위로 환산
하면 5피트 3인치에
해당된다. 이는 성인
이 된 나폴레옹의 키
라고 전해지는 5피트 2인치보다 1인치 큰 값이다.

1821년 나폴레옹 사후의 공식 기록은 그의 키가 프랑스 단위
로 5피트 2인치라고 한다. 영국 단위 기준으로 5피트 6인치(약
167.6cm)에 해당하는 값이다. 당시 프랑스 성인 남성의 평균 키는
5피트 5인치였으니(영국인들이 약간 더 컸다) 나폴레옹은 평균을 조
금 넘는 키였던 셈이다. 나폴레옹은 키가 크지도 않았지만, 그렇
다고 작지도 않았다. 메느발이 '중키'라고 했던 것이 맞는 말이었
다. 나폴레옹이 영국의 포로가 되어 죽었다고 해서, 기록조차 영
국의 측정 단위로 남은 것이 아닌 한 그렇다.

•••히틀러는 페인트공이었다?

히틀러는 자서전 『나의 투쟁Mein Kampf』에서 자신의 어릴 적 소망을 이렇게 기록하고 있다. '나는 화가painter가 되고 싶었다, 예술가 말이다.' 혹시 독자들이 자신의 바람을 도장공(독일어 Maler와 영어 painter는 칠장이와 화가란 두 가지 뜻이 있다-옮긴이)'으로 오해할까봐 히틀러는 예술가라고 확실히 못 박고 있다. 히틀러는 이렇게 덧붙였다. '내가 그림에 소질이 있다는 것은 모두가 인정하는 사실이었다.' 히틀러가 화가로서의 소질을 누구에게 인정받았는지 밝히지는 않았지만, 아마 그의 아버지는 아닐 것이다. 히틀러의 아버지는 아들의 얘기를 듣고 '예술가라고? 내 눈에 흙이 들어가기 전엔 절대로 안 돼!'라고 말했다고 한다.

아버지의 반대에 굴하지 않고 히틀러는 비엔나에 있는 미술 아카데미로 갔고, 자신이 월등하게 우수한 학생이 될 거라고 자신했다. 하지만 화가가 되려던 젊은 히틀러의 계획은 입학시험에 두 번씩이나 떨어진 후 좌절됐다. 히틀러는 아카데미 원장이 그에게 얼마나 가혹한 얘기를 했는지 밝혀 놓았다. 그가 제출한 스케치들은 의심할 바 없이 그림과는 맞지 않는다고 얘기한 것이다.

어쨌거나 비엔나 미술 아카데미에 입학하려 애쓰는 동안, 히틀러는 손으로 그린 우편엽서를 팔아 간신히 생계를 꾸렸다. 일부 자료에 따르면, 히틀러는 자신의 예술적 능력을 인정받아, 미술사 박물관Kunsthistorisches Museum 내에서 작업하는 도장 및 도금 회사에 임시직 일자리를 얻었다고 한다. 후일 과대망상증에 걸린 독재자로서의 행보를 하면서, 히틀러는 자신을 서민을 잘 아는 정치가로 포장하기 위해 여러 가지 하찮은 직업에 종사했다고 말했다. 그 직업에는 눈 치우는 사람, 짐꾼, 양탄자 터는 사람 등이 포함돼 있다. 하지만 히틀러가 칠장이나 도배공 일을 했다고 인정한 적은 없었던 것 같다.

그럼에도 불구하고 1939년 10월 4일자 프랑스 신문 『마리안느 Marianne』가 덴마크의 사진작가 야콥 키에드가르Jacob Kjeldgaard의 작품으로 표지를 장식한 이후, 소문은 널리 퍼지기 시작했다. 그것은 히틀러가 가게 정면에 페인트칠을 하고 있는 것처럼 보이게 만든 합성사진이었다. 그 사진에 붙은 설명은 이러했다. '모든 사람들이 자신의 직업을 고수한다면 전 세계 사람들은 여전히 평화롭게 살고 있을 것이다.' 그 신문이 게재되기 한 달쯤 전, 그러니까 1939년 9월 1일 히틀러의 독일군이 폴란드를 침공함으로써 2차 세계대전이 시작되었다.

6.

천사거나 악녀거나,
역사의 히로인들

•••고다이바 부인은 알몸으로 말을 타고 달렸다?

그 유명한 고다이바 부인Lady Godiva(정확하게는 'Godgifu' 부인)은 11
세기 때 잉글랜드 중부의 메르시아Mercia에 살았으며, 메르시아
백작 레오프릭Leofric의 아내였다. 고다이바란 이름은 '신의 선물'
이란 의미를 갖고 있다. 그녀는 영국 화가 존 콜리어John Collier의
그림이 보여주듯, 자신의 이름과 어울리는 삶을 살았다. 콜리어
의 그림에는 몸에 실오라기 하나 걸치지 않은 채, 긴 머리를 날리
며 말 위에 탄 아름다운 여인이 묘사되어 있다.

『모기 보고 칼 빼기Breaking Butterflies』의 저자인 로버트 갬블스
Robert Gambles는, 중세 역사가들은 선정적인 뉴스가 손에 들어오
면 탐욕스럽게 그것을 기록했다고 말한다. 하지만 다니엘 도너
휴Daniel Donoghue는 유익한 정보가 가득한 자신의 책『고다이바
부인Lady Godiva』에서 다음과 같이 지적하고 있다 1080년 고다이
바 부인이 세상을 떠난 후 100년이 지날 때까지도, 전설적인 말

타기나 그 사건과 연결된 알몸, 세금에 대해 아주 희미하게라도 기록된 자료가 전혀 없다는 것이다. 『펭귄 영국 여성 인명사전 Penguin Biographical Dictionary of Women』은 이 사건에 대한 사실적 근거는 물론이고, 고다이바 부인이 코벤트리를 방문한 적이 있다는 동시대의 증거도 없다고 주장한다.

『워윅 카운티의 역사A History of the County of Warwick』 제8권은, 고다이바 부인의 전설이 13세기 역사가인 웬도버의 로저Roger of Wendover로부터 시작됐다고 전한다. 근사한 제목의 1235년 저작

『역사의 꽃Flowers of History』에서 로저는, 레오프릭과 그의 독실한 아내 고다이바의 선행을 기록하고 레오프릭 백작이 1057년에 죽어 장례식을 치렀다고 한다. 로저에 따르면, 고다이바 백작부인은 코벤트리 마을 사람들을 무거운 세금의 압박으로부터 해방시켜줄 유일한 희망이었다. 하지만 레오프릭은 그럴 생각이 눈곱만큼도 없었던 듯하다. 고다이바는 여인 특유의 집요함으로 세금을 줄여달라고 졸라댐으로써 남편인 레오프릭 백작을 짜증스럽게 만들었다. 결국 백작은 이런 약속을 하게 되었다. '당신이 실오라기 하나 걸치지 않은 알몸으로 말을 타고 모든 사람들 앞을 지나 시장을 통과해 돌아오면 소원을 들어주겠소.' 레오프릭 백작은 그것으로 일이 다 끝났다고 생각했을 것이다. 하지만 고다이바 부인은, 신이여 그녀를 굽어보소서, 삼단 같이 긴 머리를 풀어 온 몸을 감싸게 하고, 기사 두 명의 호위를 받으며 시장 가운데로 말을 달렸다. 아무 옷도 걸치지 않은 알몸이었지만, 그녀가 말을 타고 달리는 동안 사람들이 볼 수 있었던 것은 그녀의 미끈한 다리뿐이었다. 자신이 내뱉은 말을 지키기 위해, 레오프릭 백작은 코벤트리 마을 주민들의 과중한 세금을 경감해주었다. 로버트 갬블스는 이러한 전설이 1216년부터 1235년 사이 코벤트리 수도원의 부원장이었던 제프리Geoffrey가 쓴 잃어버린 연대기에 근거했을 것이라고 주장한다.

14세기 영국의 연대기 작가이자 수사였던 래널프 힉든Ranulf

Higden은 자신의 저서 『여러 시대의 연대기Polychronicon』에서 조금 다른 이야기를 한다. 레오프릭 백작은 세금을 줄여달라는 아내의 요구에 대해, 말에 부과하는 세금만 빼고 모든 세금을 면제해주겠다고 약속했다. 그리고 자신의 아내가 알몸으로 말을 타고 마을의 중심을 통과해 달리면 모든 세금을 면제해주기로 했다는 것이다. 16세기 역사학자 리처드 그랩튼Richard Grafton은 『그랩튼 연대기Grafton's Chronicles』에서 모든 사람들이 문을 닫고 집안에 머물러야 했다고 전한다. 『워윅 카운티의 역사』는 '누군가가 창문을 내렸다. 고다이바 부인의 말이 울었기 때문에'라는 17세기의 서사시 한 구절을 인용하고 있다. 그랩튼은 말을 제외한 모든 세금이 면제되었다고 전하고 있다.

갬블스는 만약 문제가 된 세금이 '헤어겔드heregeld(*바이킹 족의 영국 침공을 막는다는 핑계로 시작된 일종의 토지세로, 바이킹이 영국을 지배한 후에도 계속 징수되어 악명이 높았다-옮긴이)'였다면, 레오프릭 백작은 그 세금을 철폐할 권한이 없었을 것이라고 밝힌다. 반면에 그 문제의 세금이 지방세라면, 코벤트리는 고다이바 부인의 영지이기 때문에 세금을 징수할 권한은 고다이바 자신에게 있다는 것이다. 연대기가 밝힌 것처럼 남편에게 세금 면제를 호소할 이유가 없다는 얘기다. 『브리태니커 백과사전』은 한술 더 뜬다. 에드워드 1세의 영토 내에서 행해진 조사에 따르면, 그 당시 코벤트리 마을에 부과되던 세금은 말에 대한 세금뿐이었다고 한다. 아마 11세기 코벤트리 마을에서, 말에 대해 부과되는 세금이 이해되지 않았기에 이러한 얘기가 생겨났을지도 모르겠다.

이 이야기의 나중 버전에는, 고다이바 부인이 알몸으로 말을 타고 시내를 도는 모습을 훔쳐본 마을 사람 한 명이 천벌을 받아 눈이 멀었다는 얘기도 있다. 이 얘기로부터 'Peeping Tom(엿보는 사람)'이란 전설이 또 하나 생겨났다. 1690년 코벤트리 시를 방문했던 레버렌드 롤랜드 데이비스Reverend Rowland Davies는 브로드게이트Broadgate 끝에서 '창문 너머로 내다보는 그림자'에 대해 기록했고, 그 기록이 '여왕이 알몸으로 시내를 지나갈 때 몰래 내다본 사람'을 연상시킨 것이다.

●●●아나스타샤는 볼셰비키의 학살을 피해 살아남았다?

아나스타샤Anastasia는 러시아의 마지막 황제 차르 니콜라스 2세 Tsar Nicholas II의 막내딸이다. 1918년 차르와 그의 가족은 예카테린부르크Yekaterinburg의 한 지하실에서 10월 혁명에 가담한 볼셰비키에 의해 처형됐다고 전해진다.

파벨 메드베데프Pavel Medvedev는 처형 현장을 지켰던 볼셰비키 수비대 중 한 명이었다. 마크 페로Marc Ferro가 쓴 『니콜라스 2세』에 실려 있는 그의 증언은 이렇다. '한밤중에 유코프스키Yurovsky

사령관이 차르의 가족을 깨웠다. 유코프스키는 내게 "거리로 나가서 누가 있는지 확인하라. 그리고 총성이 들리는지 점검하면서 대기하라"고 명령했다. 유코프스키는 마당으로 나갔고, 내가 거리에 도착하기 전에 총성이 들렸다. 나는 곧바로 돌아왔는데 (2~3분 정도 걸렸던 것 같다), 그땐 이미 차르의 가족 모두가 상처를 입은 채 바닥에 쓰러져 있었다.'

처형이 있은 후, 수많은 아나스타샤가 나타나 로마노프가의 재산에 대해 소유권을 주장했다. 첫 번째 후보는 '안나 앤더슨 Anna Anderson'인데, 그녀의 주장은 많은 사람들을 믿게 할 만큼 호소력이 있었다. 안나 앤더슨이 등장했던 바로 그 시점에, 폴란드에서 프란치스카 샨츠코우스카 Franzisca Schanzkowska란 이름의 공장 노동자가 사라졌고, 그 일로 인해 두 여인이 동일인이라는 의심이 시작됐다. 안나 앤더슨에 대한 법정 심리는 1938년에 시작되어 거의 30년간 계속됐는데, 결국은 안나가 아나스타샤라는 결정적인 증거를 찾아내지 못했다. 그렇다고 안나가 아나스타샤가 아니라는 증거도 확실하지 않았기에 독일 법원은 사건 자체를 무효로 돌리는 결정을 내렸다.

그러는 동안 살아남은 아나스타샤의 이야기는 프랑스의 극작가 마르셀 모레트 Marcelle Maurette의 흥미를 끌었고, 1954년 이 이야기를 소재로 『아나스타샤』란 희곡이 완성되었다. 모레트의 희곡은 2년 후 미국에서 각색되어 같은 제목의 영화로 제작되었으며, 잉그리드 버그만은 이 영화에서의 애절한 연기로 아카데미 여우주연상을 수상했다.

1984년 DNA 감식법이 개발되었고, 안나 앤더슨의 주장이 과학적으로 검증받을 기회가 왔다. 그런데 이상하게도 안나는 어떤 검사에도 응하기를 거부했다. 같은 해 그녀는 사망했고, 자신의 유해를 화장해 달라는 유언을 남겼다. 이 희대의 미스터리는 영원한 수수께끼로 묻히는 듯했다. 하지만 안나는 생전에 수술을 한 적이 있었고, 수술을 담당했던 병원에는 사용 가능한 조직 표본이 남아 있었다. 1990년대에 이르러, 병원에 남아 있던 안나

의 조직 샘플로부터 채취된 DNA가 필립 왕자Prince Philip(차르 니콜라이 2세의 어머니 쪽 먼 친척) 및 로마노프의 뼈에서 채취된 DNA와 비교 분석되었다. DNA 분석 전문가인 피터 길Peter Gill 박사는 안나의 샘플이 대공녀 아나스타샤로 기대할 수 있는 DNA 프로파일과 일치하지 않았다고 결론 내렸다. 한편 폴란드 출신 여공 프란체스카의 이종 조카의 아들이 제공한 DNA 샘플과 안나의 샘플을 비교한 결과 '긍정적인 일치positive match'를 보였다고 길 박사는 발표했다.

대부분의 관계자들이 아나스타샤가 가족들과 함께 지하실에서 사망했다는 사실에 동의한다. 하지만 소수의 사람들은 아나스타샤가 학살에서 살아남았으리라는 믿음을 고수하고 있다. 살해된 공주의 유산 문제만 나오면 꾸며낸 이야기들이 힘을 얻는 이유이다.

●●●포카혼타스는 탐험가 존 스미스와 결혼했다?

'포카혼타스'와 '존 스미스'의 러브스토리는 다시 있기 힘든 위대한 사랑을 이야기하고 있다. 『콘사이스 옥스퍼드 미국 문학 안내서』는 포우하탄Powhatan 추장이 애지중지한 딸 포카혼타스의 진짜 이름은 '마토아카Matoaka'로 '작은 눈 깃털'이라는 뜻을 가지고 있다고 한다. 다시 말해 포카혼타스는 '말괄량이'란 의미의 별명이었던 것이다.

1607년 신대륙에 도착한 영국 탐험가 존 스미스John Smith는 원주민들을 '싹싹한 사람들'이라고 묘사했다. 1608년 출간된 『버지니아에 있었던 노아테 사건 사고의 진실A True Relation of Such Occurences and Accidents of Noate as Hath Happened in Virginia』이란 긴 제목의 책에서는, 포카혼타스를 또래보다 뛰어난 열 살 아이라고 칭하고 있다. 2년 후 초기 식민지 주민 윌리엄 스트래치William Strachey가 버지니아에 상륙했고, 그는 『영국령 버지니아 이주민의 고된 역사The Historie of Travaile into Virginia Britannia』(1612년 출간)에 실린 글에서 포카혼타스에 대해 이렇게 묘사하고 있다. '그녀는 잘 생기고 장난기 많은 어린 소녀로, 당시 나이는 열한 살이나 열두 살 정도로 보였다. 그 아이는 벌거벗은 채 재주넘기를 하며 요새의 구석구석을 돌아다녔다.' 벤자민 버시 태처Benjamin Bussey Thatcher가 1832년에 쓴 책『인디언 인명사전』은 스미스가 앤 여왕에게 보낸 편지의 한 구절을 소개하고 있다. '포카혼타스가 얼마나 동정심이 많고 가녀린 마음을 갖고 있는지…… 그녀를 존경할 수밖에 없습니다.'

스미스가 후일 쓴 책이 두 권 있는데 『버지니아, 뉴잉글랜드, 서머아일랜드의 일반 역사The Generall Historie of Virginia, New England, and the Summer Isles』(1624년 출간)와 『존 스미스 대장의 유럽, 아시아, 아메리카 진짜 여행, 모험, 관찰기The True Travels, Adventures and Observations of Captaine John Smith, in Europe, Asia, Africke and America』(1629년 출간)가 그것이다. 이 책들 속에서 스미스는 인디언들이 자신을 끌고 가서 고개를 숙이게 하고는 머리를 날릴 곤봉을 준비하는 모습을 자세히 묘사하고 있다. 아무리 애원해도 통하지 않는 상황에서, 스미스를 구하러 온 것은 바로 왕이 가장 사랑하는 딸 포카혼타스였다고 한다. 그녀는 스미스의 머리를 끌어안고 그의 머리 위에 자신의 머리를 올려놓아 스미스의 목숨을 구했다.『펭귄 여성 인명사전Penguin Biographical Dictionary of Women』은 조사 결과 스미스의 이야기 대부분이 사실이었다고 적고 있다. 그러나 한편으론 스미스가 알곤킨족Algonquian의 언어를 몰랐기 때문에 상황을 완전히 오해했을 가능성도 지적한다. 포우하탄 추장 입장에서, 신입자가 자신을 대군주로 받아들이는 것을 부족사람들에게 보이기 위해 의례적인 복종의 자세를 취하게 했을 수도 있다는 주장이다.

『콘사이스 세계 지명 사전Concise Dictionary of World Place-Names』에 실려 있는 존 에버렛-히스John Everett-Heath의 글은 스미스의 설명이 허구일 것이라고 말한다.『북미 원주민 백과사전Encyclopedia of North American Indians』역시 스미스를 살려두는 편이 더 가치 있었기 때문에, 그가 실질적인 생명의 위협을 받았을 리가 없다고 주장한다. 포우하탄 추장이 스미스를 자신의 '아들'로 삼았을 가능성이 아주 높고, 포카혼타스는 그저 '음식, 선물, 중요한 메시지'를 주고받는 일에 신뢰할 수 있는 중개인 역할을 했을 뿐이라는 것이다. 『옥스퍼드 미국 역사 안내서』는 스미스와 포카혼타스가 사랑하는 사이였을 거라고 생각할 근거는 없다고 밝힌다.

1614년 포카혼타스는 기독교로 개종하면서 이름을 레베카Rebecca로 바꿨고, 영국계 식민지 주민 존 롤프John Rolfe와 결혼했다. 사랑의 결합이라기보다는 영국인들과 원주민 사이의 관계를 강화하기 위한 상징적 의미가 더 컸다. 2년 후 레베카로 불리게 된 포카혼타스는 런던으로 건너가 영국 왕 제임스 1세와 앤 여왕을 알현했다.

포카혼타스의 모습은 존 스미스가 앤 여왕에게 보낸 편지 속에서 짐작할 수 있다. 스미스는 이 젊은 여인을 '하나님 다음 가는 사람, 식민지 주민들을 죽음, 기아, 극도의 혼란으로부터 지켜준 도구'라고 표현하고 있다.

•••마타 하리는 노련한 스파이였다?

마타 하리Mata Hari는 1차 세계대전 중 스파이 짓을 했다는 이유로 프랑스 군대에 의해 총살됐다. 하지만 이 정도로 악명 높은 여자 스파이 대한 정보는 어디서고 찾아볼 수가 없다. 아마도 고급

창녀였을 거라는 추측 말고는…….

네덜란드에서 태어난 마르가레타 거르트뤼다 젤러Margaretha
Geertruida Zelle는 교사로서도 성공하지 못했고 결혼마저 실패하는
순탄치 않은 삶을 살았다. 1905년 마르가레타는 마타 하리라는
예명으로 프랑스 파리에서 이국적인 춤 공연을 했다. 마타 하리
는 '여명의 눈(目)'이란 뜻이었다. 늘씬하고 매력적인 외모에, 친
숙한 듯 아닌 듯한 동인도의 춤을 추며 대중들 앞에 거의 나체 상
태로 나서기를 즐겼던 그녀는 순식간에 유명인이 되었다.

무희로서의 인기가 시들해지자, 그녀는 유럽인 군 장교 및 정
치가들에게 몸을 팔기 시작했다.『내부의 적The Enemy Within』이

란 책에서 테리 크라우디Terry
Crowdy는, 그녀를 24시간 감시
했음에도 불구하고 프랑스는
그녀에게 불리한 증거를 아무
것도 확보할 수 없었다고 기
록했다.『이름 유래 사전A New
Dictionary of Eponyms』에 실린 모
튼 프리먼Morton S. Freeman의 글
에 따르면, 1917년 열린 법정
에서 검찰은 마타 하리의 스파
이 행위로 인해 최소 5만 명의

프랑스인이 사망하게 됐다고 주장했지만 증거는 하나도 없었다. 결국 중립국가 시민권을 갖고 있었음에도 불구하고, 마타 하리는 스파이 행위로 사형을 당하게 된다.

『필립 세계 백과사전Philip's World Encyclopedia』은 그녀의 행위가 의심스럽기는 했지만, 이제는 프랑스 정부가 주장한 바와 같이 그녀가 비밀 요원이었다고 믿는 사람은 거의 없다고 서술한다. 1999년 영국 국내 정보국인 MI5의 마타 하리 관련 파일이 공개되었는데, 거기에도 그녀가 중요한 군사 정보를 빼돌렸다는 증거는 찾아볼 수 없다.

『종군 기자의 엄청난 책Mammoth Book of War Correspondents』에서 존 루이스Jon E. Lewis는 파리 지국 특파원 헨리 웨일스Henry G. Wales가 쓴 마타 하리의 마지막 순간을 기록하고 있다. '그녀는 결박당하지 않았고 눈도 가리지 않은 상태였다. 마타 하리는 흔들리지 않는 눈길로 사형집행자들을 응시했다. 사격 부대원들의 어깨에 걸린 소총이 여인의 가슴을 겨냥하고 있었다. 일제 사격의 총성이 터져 나왔다.' 마지막 순간 그녀가 처형자들에게 손 키스를 날렸다는 일설은 사실이 아닌 듯하다. 하지만 그녀가 감탄할 만큼 평온한 모습으로 죽었다는 것은 사실이다. 그녀의 마지막 모습은, 아무 증거도 없이 그녀를 기소하고 저주했던 사람들에겐 소름끼치는 일이었을지도 모르겠다.

•••나이팅게일은 크림 반도에서 부상병을 간호했다?

플로렌스 나이팅게일Florence Nightingale은 1855년 처음으로 크림 반도의 전장을 방문했다. 야전병원을 만들기 위해 방문한 것인데, 그곳에서 그만 열병에 걸리고 만다. 나이팅게일이 전장을 누볐다는 전설과는 달리, 그녀는 전선으로부터 200마일(320km)이나 떨어진 콘스탄티노플(지금의 이스탄불) 근처의 스쿠타리Scutari에서 일했다. 플로렌스는 1863년 출간된 자신의 저서 『간호론Notes on Hospitals』 서문에서 다음과 같이 말하고 있다. '병원에 가장 먼저 요구되는 것이 환자에게 해로운 일을 하지 않는 것이란 얘기는 참으로 이상한 원칙처럼 들릴 것이다.' 그녀는 이 중요한 원칙을 고집함으로써 병원의 위생을 개선했고, 사망률을 42%에서 2%로 떨어뜨렸다. 플로렌스는 조직과 관리를 통해서 이런 위업을 달성했다. 한마디로 정리하자면, 그녀가 알려진 것처럼 그렇게 많은 간호활동을 하지는 않았다는 것이다.

　1845년 젊고 부유한 플로렌스는 부모에게 간호 일을 하고 싶다고 말했지만, 부모가 허락하지 않아 뜻을 이루지 못했다. 1896년 찰스 라운델 부인Mrs Charles Roundell에게 보낸 편지에서 플로렌스는, 잉글랜드에서 공인된 간호 훈련을 받을 수 있는 병원이 없어 자신이 얼마나 헤매다녔는지에 대해 말하고 있다. 그녀는 독일의 카이저스베르트Kaiserswerth에 있는 기독교 집사 협회

Institution of Protestant Deaconesses에
서 3개월간 공부했으며, 그곳에
서 완벽한 간호 훈련을 받았다고
한다. 편지에서 그녀는 그곳에서
필요한 모든 것을 배울 수 있었지
만, 간호는 빵점이었고, 위생 상
태는 끔찍했다고 불평하고 있다.

『전문 간호Professional Nursing』라
는 책을 쓴 루실 조엘Lucille A. Joel
에 따르면, 플로렌스가 병원 감독
자격을 획득했음에도 불구하고 프랑스 자선단체와 함께 연구하
려던 노력이 좌절됐다고 한다. 조엘의 설명에 따르면, 1853년 나
이팅게일은 귀족 부인들이 운영하던 '병든 가정교사를 위한 자
선 병원(아마도 가정집에 가까웠을 것이다)'의 무보수 원장 자리를 얻
었다.『옥스퍼드 영국 역사 안내서』는 플로렌스의 진정한 재능은
관리에 있었고, 관리직에 있을 때 자신의 의지를 펼쳐나갈 수 있
었다고 한다. 그러니까 플로렌스는 병원 관리 전문가로서 자신
의 경력을 시작했다. 이때쯤 플로렌스의 오랜 친구이자 영국 국
방장관이었던 시드니 허버트Sidney Herbert가 그녀에게 크림 반도
에서의 간호를 제안했고, 플로렌스의 관리 능력은 빛을 발하기
시작했다.

플로렌스는 스쿠타리에서 기적과도 같은 성과를 냈다. 1855년 영국 타임즈지Times의 특파원 존 맥도널드John C. MacDonald는 다음과 같이 보도했다. '모든 군의관이 퇴근한 밤, 기진맥진해 늘어져 있는 환자들의 긴 줄 위로 정적과 어둠만이 내려앉을 때, 오로지 작은 램프 하나를 손에 들고 고독하게 병원을 순회하는 그녀의 모습이 보였다.' 시인 헨리 롱펠로우는 '산타 필로메나Santa Filomena'에서 플로렌스를 더욱 불멸의 존재로 미화했다.

'보라! 그 고통의 시간에 램프를 든 한 숙녀가 보이네. 희미하게 빛나는 어둠 속을 지나 이 방에서 저 방으로 바삐 움직인다네.' 그런데 두 개의 묘사 어디에도 간호를 위한 것인지, 단순한 순시인지 알 수 있는 단서는 없다.

크림 전쟁에서 활약한 간호사 중에는 자메이카 출신의 메리 시콜Mary Seacole이 있다. 자서전『시콜 부인의 멋진 모험Wonderful Adventures of Mrs Seacole』을 보면, 메리는 잉글랜드로 밀항했고 플로렌스 나이팅게일 간호 선봉대의 신병을 자원했다고 한다. 하지만 불행히도 메리는 플로렌스를 만나는 영광을 얻지 못했을 뿐 아니라, 채용 담당 간호사로부터 크림 반도에 도움을 주겠다는 제의는 받아들일 수 없다는 말을 들었다. 메리가 만난 또 다른 채용 담당 간호사는 그녀의 얼굴을 보더니 설사 빈자리가 있다 해도 그녀를 넣어주지 않겠다는 표정을 지었다고 한다. 분명한 거절의 표시에 곤혹스러워진 메리는 자신의 피가 그들보다 어두운 피부 아래를 흐르기 때문인 것은 아닌가 하는 의구심을 가지게 되었다.

씩씩했던 메리는 기죽지 않고 자비를 털어 크림 반도로 향했다. 1856년 타임즈지 특파원 윌리엄 하워드 러셀의 책 『전쟁The War』은 메리의 활약상을 잘 설명하고 있다. '시콜 부인은 전선에서 5마일밖에 떨어지지 않은 콜 드 발라클라바Col de Balaklava와 카디코이Kadikoi 사이에 임시 거처를 잡았다. 그리고 의사들과 많은 사람들을 치료하며 엄청난 성과를 거두었다.' 메리는 종종 지인들에게 자신이 포화 속에 있다고 밝혔다. 같은 해에 한 부관 참모가 메리를 추천하는 편지를 썼는데, 그 편지에는 '이 탁월한 여인은 부상자를 돌보는 일에 온 힘을 다하고 있으며 위험한 곳에서도 전력을 다해 아픈 병사를 돕고 있습니다'라고 적혀 있다.

플로렌스 나이팅게일은 의심할 바 없이 훌륭한 병원 관리자였지만, 전선에서 헌신하는 이미지에 좀 더 가까운 것은 메리 시콜이다. 하지만 우리는 변함없이 나이팅게일이 직접 전선에 뛰어들어 아픈 병사를 간호했다고 오해하고 있다.

•••칭기즈 칸은 탕구트 공주에 의해 거세당해 죽었다?

칭기즈 칸은 역사상 가장 위대한 정복자였다. 중앙아시아를 통일해 몽골을 건설했고, 아시아를 넘어 유럽까지 닿는 13세기 몽골 대제국을 건설했다. 칸은 1227년 탕구트국(*중국 역사에선 서하국西夏國이라 한다-옮긴이)을 공격하던 중에 사망했다고 전해진다. 『역사상 두 번째로 큰 제국의 흥망The Rise and Fall of the Second Largest Empire in History』이란 책은 그의 최후에 대해 이런 말을 남기고 있다. '칭기즈 칸의 최후에 대해서는 남아 있는 문헌 자료가 전혀 없으며, 그가 죽던 날의 일에 관한 구전조차 없다.'

당시 그의 죽음은 철저히 비밀에 부쳐졌기에 사망 원인을 두고 수많은 억측이 난무했다. 『칭기즈 칸Genghis Khan』이란 책에 실린 잭 웨더포드Jack Weatherford의 글에는 교황청이 몽골에 파견했던 유럽인 특사 플라노 디 카르피니Plano di Carpini의 기록이 인용돼 있는데, 칭기즈 칸이 벼락에 맞아 죽었다는 다소 극적인 이야기를 전하고 있다. 나중에(청나라 때) 중국에 왔던 마르코 폴로Marco Polo는, 칭기즈 칸이 무릎에 화살을 맞아 생긴 상처 때문에 죽었다고 기록했다. 미지의 적이 그를 독살했다는 주장도 있고, 탕구트 왕이 건 마법의 주문에 의해 사망했다는 얘기도 있다. 하지만 온갖 얘기들 중 가장 황당하면서도 가장 많이 회자되는 것이 있다. 포로가 된 탕구트 왕비가 자신의 질(膣) 속에 덫과 같은 장치를 삽입했고, 그 장치가 칭기즈 칸의 성기를 잡아 뜯어 끔찍한 고통 속에서 죽었다는 것이다. 『황제의 나라 중국 900-1800Imperial China 900-1800』에서 프레데릭 모트Frederick W. Mote 교수는, 포로가 된 왕비가 날카로운 유리 또는 쇠 조각을 자신의 질

속에 넣어서 그런 일을 꾸몄다고 기록하고 있다.

폴 칸Paul Kahn이 중국의 중요한 기록들에 기반해 저술한 『몽골비사The Secret History of the Mongols』는, 1225년 여름 60대의 칭기즈 칸이 아르부카Arbukha 지역에서 야생마를 사냥할 때 일어난 일을 기록하고 있다. '병사들이 야생마를 덤불 밖으로 몰자, 칭기즈 칸이 타고 있던 말이 놀라 뛰어올랐고 황제는 땅바닥으로 내동댕이쳐졌다.' 황제는 곧 열이 오르고 앓기 시작했다는 것으로 보아이 낙마로 인해 알 수 없는 내상을 입었을 가능성이 크다.

포로가 된 왕비와 끔찍한 거세라는 환상적인 이야기는 위대한 칸을 비방하려는 자들이 꾸며낸 것이라 믿어진다. 모트 교수는 칭기즈 칸이 일종의 '하계열summer fever'에 걸려 사망했을 가능성에 무게를 두었다. 웨더포드는 칭기즈 칸이 자신의 군영에서 사랑하는 가족에 둘러싸여 세상을 떠났다고 주장한다.

•••루크레치아는 남편들을 독살했다?

르네상스 시대, 이탈리아의 보르자 가문Borgias은 사회적 신분 상승을 위해 살인을 밥 먹듯 한 것으로 유명했다. 바야흐로 음모와 배신이 판치던 시대였다. '루크레치아 보르자'아 '체사레 보르자Cesare Borgia' 남매는 악명 높은 교황 알렉산드르 6세Alexander VI

의 사생아였다. 루크레치아는 남편 여러 명을 독살했다고 전해진다. 또한 그녀는 오빠, 그리고 교황인 아버지와도 몸을 섞었고, 바티칸에서 벌어진 난교 파티에도 참석했다고 알려져 있다.

루크레치아는 22세도 되기 전에 스페인 귀족과 두 차례 약혼했고(*원래 보르자 가문은 스페인 출신이다-옮긴이), 이탈리아 왕자들과 세 차례나 결혼했다. 모두가 아버지의 정치적 영향력 확대를 위해서였다. 그녀의 첫 결혼 상대는 페사로 경이었는데, 그는 교황 아닌 다른 사람에게 충성심을 보임으로써 교황을 화나게 만들었다. 결국 교황은 페사로가 성 불구자라 주장하며 두 사람의 혼인을 무효화했다. 혼인이 무효화된 다음해, 루크레치아는 비세글리Bisceglie 공작과 결혼했는데, 공작은 몇 년 후 살해당했다. 그 역시 교황이 판단하기에 정치적 이용 가치가 없어졌기 때문이었다.

『독살 범죄Criminal Poisoning』라는 책에서 법의학자 존 해리스 트레스트레일John Harris Trestrail은, 루크레치아의 오빠인 체사레 Cesare가 독을 사용해 수십 건의 살인을 저질렀다고 폭로했다.

루크레치아와 관련된 근친상간 의혹은 1913년 라파엘 사바티니Rafael Sabatini가 쓴 책 『체사레 보르자의 생애The Life of Cesare Borgia』에서 찾아볼 수 있다. 루크레치아의 첫 남편 페사로가 자신의 생식 능력에 대한 비난에 대항해, 보르자 가문의 근친상간 의혹을 제기했다는 것이다(결국 힘에서 밀린 페사로는 자신이 '고자'라고 인정할 수밖에 없었다고 한다-옮긴이). 『펭귄판 영국 여성 인명사전』은 루크레치아 보르자가 억울하게 배신과 타락의 누명을 썼다고 설명한다. 1501년 페라라 공작Duke of Ferrara과 마지막으로 결혼한 루크레치아가 여덟 명의 자녀를 두고 조용히 살았다는 사실이 그 증거라는 것이다.

역사적으로 유명한 루크레치아Lucrezia에 대한 악평은 그녀가 죽은 지 300년 후인 1833년, 빅토르 위고가 쓴 '루크레치아 보르자Lucrece Borgia'란 제목의 희곡 내용과 겹쳐져 생겨난 것이라는 데는 의심의 여지가 없다. 오늘날 『옥스퍼드 영어사전Oxford Dictionary of English』이 그녀가 저지른 일 중 최악으로 꼽는 것은, 자신을 '예술의 후원자'로 자처했다는 것이다.

7.

오류의
탐험가들

•••카르나본 경은 '파라오의 저주'에 희생됐다?

1923년 이집트 룩소르에서 투탕카멘의 무덤을 발굴한 사람은 아마추어 이집트학 연구자인 카르나본Carnarvon 경과 고고학자 하워드 카터Howard Carter였다. 그런데 발굴 몇 달 후, 카르나본 경은 수수께끼처럼 사망했다. 사람들은 그가 투탕카멘의 무덤 벽에 적혀 있다는 '파라오의 저주' 때문에 희생된 것이라고 수군대기 시작했다.

사람들은 보통 저주가 즉각적으로 효과를 낸다고 생각하는데, 카르나본 경의 죽음은 사정이 다소 복잡하다. 몸이 허약했던 57세의 남자, 카르나본 경은 건강을 위해 이집트로 가게 되었다. 이집트 체류 중에 그는 모기에게 얼굴을 물렸고, 나중에 면도를 하다가 실수로 모기가 물어 부

풀어 오른 상처를 건드리게 된다. 박테리아 피부감염(erysipelas)은 패혈증으로 진전됐고, 폐렴 발작으로 이어져 결국 사망에 이르게 됐던 것이다. 1923년 4월 5일의 일이었다. 대영제국 박물관 이집트 유물 관리자였고 『하워드 카터Howard Carter』란 책의 저자인 제임스T. G. H. James는 이렇게 설명하고 있다. '카르나본 경의 죽음은 저주라는 생각을 만들어낸 첫 비극을 제공했다.' 제임스는 투탕카멘의 저주로 죽었다는 사람들의 연령에 대해 조사하고 이런 결론을 내렸다. '앨런 가디너Alan Gardiner는 84세, 제임스 헨리 브레스테드James Henry Breasted는 70세, 이블린 허버트Evelyn Herbert는

79세, 해리 버튼Harry Burton은 61세, 알프레드 루카스Alfred Lucas는 78세에 죽었으며, 수석 고고학자였던 카터는 무덤을 개봉한 후 16년을 더 살고 66세로 사망했다. 투탕카멘의 무덤을 개봉할 때 현장에 있었던 사람 중에 특별히 일찍 죽었거나 특이한 상황에서 죽은 사람은 한 사람도 없었다.'

영국 의학 저널에 실린 마크 넬슨Mark R. Nelson의 2002년 논문 『미라의 저주: 역사적 코호트cohort 연구』는 하워드 카터가 당시 이집트에 체류했던 것으로 확인해준 44명의 서양인을 추적해 그중 25명이 그 저주에 노출됐을 가능성이 있는 것으로 보았다. 넬슨은 그들이 사망할 당시 나이가 평균 70세였다고 한다. 넬슨은 미라의 저주가 존재한다는 사실을 뒷받침할 아무런 증거가 없다고 결론 내렸다.

기자이자 이집트학 연구자였던 아서 웨이걸Arthur Weigall(그 역시 발굴 현장에 있었다)의 전기에서, 아서의 손녀인 줄리 행키Julie Hankey는 다음과 같이 밝히고 있다. '다른 모든 이집트 연구자들처럼 웨이걸은 투탕카멘의 무덤 벽에 저주의 글이 쓰여 있다는 주장을 부정했다.' 그녀에 따르면, 무덤이 열렸을 때 카르나본은 무덤 안에 의자가 여러 개 있는 것을 보고 '무덤 안에서 콘서트라도 하는가 보지?'라는 농담을 던졌다고 한다. 이 시답잖은 농담이 윤리적인 감수성을 건드렸던지, 웨이걸은 이렇게 응수했다고 한다. '만약 그의 영혼이 찾아온다면, 나는 그에게 6주의 생명을 줄 것이오.' 행키는 자신의 할아버지가 의도하지는 않았지만, 무의식적으로 미래에 일어날 일을 예언했던 것이라 설명한다. 정말로 웨이걸은 투탕카멘의 저주 이야기가 나돌게 되리라곤 꿈에도 생각하지 못했던 것 같다. 그는 '사람들이 그 얘기를 진짜 줄아나 봐'라고 말하기까지 했다. 제임스 역시 그 의견에 동의한다. 저주는 웨이걸이 무심코 던진 말 때문에 시작되었다는 것이다.

마지막 발언 기회는 하워드 카터에게 주어야 마땅할 것이다. '나는 심령적 흥분을 찾고 있는 감정적인 사람들 사이에 퍼져 있는 어리석은 미신에 반대한다. 생명에 관계되어, 이집트인의 의식(儀式) 중에 이런 식의 저주는 없다.'

이제 문제는 다 정리된 것 같다. 그런데 말이다, 투탕카멘 무덤에서 열렸던 콘서트는 누구를 위한 것이었을까?

•••월터 롤리 경이 신대륙에서 담배를 가져왔다?

16세기의 모험가인 월터 롤리 경이 태어나기도 전에, 담배가 유럽에 널리 퍼져 있었다는 증거는 많다. 『옥스퍼드 몸 안내서Oxford Companion to the Body』를 쓴 앨런 커스버트Alan W. Cuthbert에 따르면, 콜럼버스가 향기로운 마른 잎들을 선물 받았는데 그 물건의 가치를 알아보지 못하고 팽개쳐 버렸다고 한다. 커스버트는 유럽인 첫 흡연자가 '로드리고 드 예레즈Rodrigo de Jerez'라고 밝히고 있다. 그가 1490년대 쿠바에서 담배를 배웠고, 흡연자가 되어 스페인으로 돌아왔다는 것이다. 종교 재판관들은 이런 짓을 탐탁찮게 여겼고 예레즈는 7년 동안이나 투옥되었다. 하지만 그가 감옥에서 풀려날 즈음엔 모든 사람들이 그 짓을 하고 있었다.

작가인 퍼낸드 브라우델의 설명은 흥미롭다. 1561년 포르투갈에 주재했던 프랑스 대사, 장 니코Jean Nicot는 프랑스 여왕 캐서린 드 메디치Catherine de Medici에게 '편두통 치료제'라며 가루담배를 보냈다. 조던 굿맨Jordan Goodman은 자신의 저서『역사 속의 담배 Tobacco in History』에서 장 니코의 이름을 따서 그 작물을 '니코티안 nicotian'이라고 불렀다고 말한다.

담배는 신대륙에서 왔고, 후에 버지니아Virginia로 알려지게 된 지역에서 재배됐다. 하지만『옥스퍼드 영국 인명사전』은 롤리 경이 버지니아에 갔던 적이 없다고 설명한다. 롤리 경은 신대륙을 탐험하는 일에 열정적이었지만, 동시에 엘리자베스 여왕의 총애를 받고 있던 터라 여왕이 그렇게 위험한 여행을 하도록 허락했을 리가 없다. 1573년 해양 탐험가인 존 호킨스 경Sir John Hawkins과 프랜시스 드레이크 경Sir Francis Drake이 잉글랜드에 담배를 가져왔다. 커스버트는 1585년 드레이크가 월터 롤리 경에게 담배를 소개했다고 한다.『옥스퍼드 영국 인명사전』은 롤리 경이 담배가 기침을 치료하는 데 효과가 있다는 사실을 확신했다고 전한다.

월터 롤리 경이 영국에 담배를 가져왔다고 잘못 전해진 것은, 학자 헨리 버츠Henry Buttes 때문이 다. 헨리는 1599년『마른 정찬 음식Dyets Dry Dinner』 이란 책에서 담배의 기원 에 대해 이렇게 기록하고 있다. '월터 롤리 경은 그

것을 비싼 값에 매매했다.' 엘리자베스 여왕의 뒤를 이은 제임스 1세는 여왕만큼 롤리 경을 총애하지 않았고 그가 담배 피우는 것 을 싫어했다. 궐련이 신대륙 정복의 결과로 도래했기 때문에, 롤 리 경을 비난한 것이다. 제임스 1세는 자신의 논문『담배에 대한 강력한 항의A Counterblaste to Tobacco』에서 이렇게 불평하고 있다. '그렇게 불쾌한 땅에서 어떻게 그런 관습이 생겨났고, 아버지(롤 리 경)는 왜 그렇게 못된 것을 가지고 왔는가. 그것이 아무 이유 없 이 환영받는다는 사실이 내겐 기적처럼 보인다.'

오브리는 월터 경이 잉글랜드에 담배를 가져온 최초의 인물 이고, 또한 담배를 유행시킨 최초의 인물이라고 결론 내렸다. 그 러나 후자는 옳지만, 전자는 틀렸다. 월터 롤리 경이 잉글랜드에

담배를 소개한 사람이라는 그릇된 믿음은 오늘날까지 계속되고
있다.

••• 리빙스턴 박사는 콩고에서 길을 잃었다?

데이비드 리빙스턴 박사Dr David Livingstone는 상당히 무기력한 탐
험가라는 이미지를 갖고 있다. 그가 아프리카 대륙에서 여러 해
동안 길을 잃었다는 소문 때문이다. 1853년 동료 선교사 로버트
모패트Robert Moffat에게 쓴 편지에서, 리빙스턴은 '나는 내륙으로
통하는 길을 열려고 하오. 그러지 못하면 그곳에서 죽을 작정이
오.'라고 선언했다. 리빙스턴은 잠베지Zambezi 강으로 떠났고, 빅
토리아 폭포를 발견해 여왕의 이름을 붙여주었고, 국민적 영웅
이자 베스트셀러 작가가 되었다. 1866년 리빙스턴은 나일강의
시원을 찾기 위한 마지막 탐험을 떠났는데, 그로부터 2년 동안 이
유명한 탐험가로부터는 아무런 소식도 들려오지 않았다.

　그러던 중 뉴욕 헤럴드지New York Herald의 편집자였던 제임스
고든 베네트James Gordon Bennett(19세기 후반 고든 베네트란 이름은 '빌어
먹을'이란 욕설 대신 사용됐다)에게 기발한 생각이 떠올랐다. 특파원
을 파견해 리빙스턴을 찾는 이벤트를 벌이는 것이었다. 영국 웨
일즈에서 태어나 미국에 귀화한 헨리 모튼 스탠리Henry Morton

Stanley(그는 웨일즈에 있는 성 에이사프 빈민구제소St Asaph workhouse 출신이었다)가 적임자로 선정되었다. 『나는 어떻게 리빙스턴을 중앙아프리카에서 발견했나』란 책에서 스탠리는, 수색 업무 수행에 필요한 자금은 얼마든지 조달해주겠다는 베네트의 말을 인용했다. 그로부터 2년 후인 1871년 10월 23일 무렵(정확한 날짜는 불명이다) 스탠리는 리빙스턴의 흔적을 좇아 탕가니카 호반의 우지지Ujiji 마을로 들어가게 됐다.

스탠리는 당시 상황을 다음과 같이 기록했다. '천천히 다가가서 보니, 그는 피곤하고 창백해 보였다. 나는 모자를 벗으며 "리빙스턴 박사이시죠?"라고 말했다.' 앨런 갤럽Alan Gallop은 『스탠리 씨죠?Mr Stanley, I Presume?』란 책에서, 이 유명한 말이 뉴욕 헤럴드에 속보로 실렸다고 한다. 하지만 갤럽은, 일부 역사가들은 실제로 스탠리가 그런 말을 했는지에 대해 의문을 품고 있다고 덧붙이고 있다. 스탠리가 작성한 일지에서 해당 부분이 사라졌고, 리빙스턴의 회고록에도 그런 언급이 없기 때문이다.

리빙스턴은 스탠리의 질문에 친절하고 다정한 미소를 지으며 자신의 모자를 살짝 들어올리면서 자신이 리빙스턴임을 밝혔다. 스탠리는 뒤이어 "하나님께 감사드립니다. 드디어 박사님을 만날 수 있게 해주셨군요"라고 말했고 리빙스턴이 대꾸했다. "여기서 당신을 만나게 된 것을 감사하게 생각하고 있소." 스탠리는 리빙스턴이 길을 잃은 것이 아니고, 그저 경탄할 만큼 철저하고

세밀하게 탐험을 수행하고 있었던 것이라고 확인해준다. 스탠리는 계속해서 당시의 상황을 이렇게 전한다. '대화가 시작되었다. 무슨 주제였냐고? 글쎄, 나는 대화 내용을 모두 잊어버렸다.' 이 책을 읽은 플로렌스 나이팅게일이 '내 평생 보았던 책 중, 최고의 주제에 대해 최악으로 쓴 책이었다'라고 평했다는 것이 얼추 이해되는 대목이다.

『옥스퍼드 영국 인명사전』에 실린 로버트D. Robert의 글을 살펴보자. '두 사람은 함께 탕가니카 호수의 북쪽 끝까지 여행했고, 거기에 호수물의 배출구가 없음을 확인했다. 그들은 1872년 3월 14일 타보라Tabora에서 헤어졌다.' 스탠리는 리빙스턴이 자신의 집으로 돌아갔다고 주장했지만, 로버트는 리빙스턴이 호기심을 회복해 탐험을 계속했다고 말한다. 스탠리가 리빙스턴 박사를 찾았으며 박사가 자신의 집으로 돌아갔다는 뉴스를 가지고 영국으로 돌아왔을 때, 그의 주장은 조롱당했다. 게다가 리빙스턴 박사는 다시 본국으로 돌아오지 않았고, 1874년 지금의 잠비아 Zambia에서 눈을 감았다.

리빙스턴 박사를 찾는 일에 재미를 붙인 고든 베네트는 '제2차 뉴욕 헤럴드 아프리카 원정대'를 꾸렸고, 스탠리는 자신으로 인해 새로 만들어진 직업 '탐험가 사냥꾼'으로서 거침없이 원정대에 참여했다. 이번에는 '새뮤얼 화이트 베이커 경'을 찾는 일이었다. 베이커는 실종되지 않았고, 구조가 필요한 상황이 아닌데도 원정대를 보낸 것이다. 1887년 스탠리는 아프리카 수단에서 에민 파샤Emin Pasha를 구조한다는 목적으로 제3차 원정대를 이끌었다.

『옥스퍼드 미국 문학 안내서』에 따르면, 미국 시민 스탠리는 영국 시민권을 회복했고 1899년에는 기사 작위를 받았다고 한다. 잃어버린 탐험가를 되찾아온 공적을 인정받았기 때문이다. 빈민 구제소에서 살았던 불행한 소년에겐 꽤 괜찮은 인생이었던 셈이다.

•••쿡 선장은 하와이의 식인종에게 먹혔다?

많은 사람들이 쿡 선장의 불행한 최후를 믿고 있는데, 절반은 진실이고 절반은 거짓이다. 1776년 영국의 유명한 해양 탐험가 제임스 쿡 선장Captain James Cook은 『레절루션 호Resolution』와 함께 항해를 시작했다. 캐나다를 통과하는 북-서 항로North-West Passage의 서쪽 출구를 발견하기 위해서였다. 겨울이 시작되자 쿡은 하와이제도에 정박했고, 이내 그곳의 원주민들과 친구가 되었다. 하와이 원주민들은 쿡을 신처럼 숭배했다. 겨울 휴식기를 보내기

엔 나쁘지 않았다. 1779년 쿡은 원정을 계속하기 위해 떠났지만, 선박 수리를 위해 되돌아올 수밖에 없었다. 그렇게 두 번째로 하와이에서 체류하던 중, 원주민이 쿡 선장 선단의 범선 한 척을 훔치는 사건이 발생했다. 그 배를 되찾으려던 쿡 선장은 싸움에 휘말렸다. 『식인 개 재판Trial of the Cannibal Dog』이란 책에서, 역사 교수인 앤 새먼드Anne Salmond는 이렇게 설명하고 있다. '총격이 잠잠해졌을 때, 한 사람이 쿡의 뒤에서 몽둥이로 머리를 후려쳤고, 다른 한 명이 쿡 선장의 강철 단검을 빼앗아 선장의 목을 찔렀다.'

존경받던 쿡 선장의 경우, '모두가 나를 필요로 한다everybody wants a piece of me'는 말이 글자 그대로 현실이 되었다(*영문 그대로 내 몸 한 조각씩 갖고 싶어 하는 경우였다는 말-옮긴이).

『쿡 선장의 절정Apotheosis of Captain Cook』이란 책은 당시 쿡 선장의 옷들이 선실에서 거래되었다고 전한다. 앤 새먼드에 따르면, 쿡 선장의 부하들이 선장의 유해를 돌려달라고 요구했지만, 하와이인 성직자인 켈리이케아Keli'ikea는 쿡 선장의 다른 소지품과 마찬가지로 선장의 육신도 해체되었으며 높은 지위의 족장들에게 분배되었다고 고백했다고 한다.

선장의 머리는 카메하메하Kamehameha가 가졌고 다리, 허벅지, 팔, 아래턱은 칼라니오푸우Kalani'ōpu'u가 가졌으며, 몸의 나머지 부분들은 불태워졌다는 것이 켈리이케아의 자세한 설명이었다.

선원들은 더욱 불길한 재앙을 의심하며, 혹시 쿡 선장의 몸을 먹은 것은 아니냐고 물었다. 켈리이케아는 그 말에 아연실색하며, 자신의 백성들은 절대 식인종이 아니라고 거듭 강조했다고 전해진다. 『옥스퍼드 영국 인명사전』도 새먼 드의 말에 동의한다. '쿡 선장의 유해는 하와이의 관습에 따라 토막내졌고, 뼈에 붙은 살은 발라내졌으며, 의식에 따라 화장됐고, 뼈들은 여러 족장들에게 분배되었다.' 『쿡 선장의 절정』을 쓴 오베이에스케어도 그 말에 동의한다. '쿡의 몸은 의식에 따라 해체되고, 불태워지고, 족장들 사이에 분배되었다. 족장들은 쿡을 중요한 족장으로 취급해 자신들의 전통 의례에 따라 그 시체를 처리한 것이다.'

켈리이케아는 쿡 선장의 남은 몸을 수습하기 위해 최선을 다했고, 그렇게 해서 모인 것을 아주 단정하게 포장했다. 새몬드의 설명도 이와 유사하다. '선원들은 불에 탄 살점이 붙어 있는 뼈, 쿡의 양 허벅지 뼈와 다리뼈(하지만 발 뼈는 없었다)가 들어있는 검

은 깃털로 만들어진 외투를 받았다.'

선원들은 분리된 두 손과, 팔뚝 피부가 붙어있는 두 팔, 그리고 얼굴뼈는 없어졌지만 한쪽 귀가 붙어 있는 머리뼈와 머리 가죽을 되찾았다고 한다. 쿡 선장의 두 손은 소금에 절여 보존돼 있었다. 그날 오후, 되찾은 쿡 선장의 유해는 완전한 군례를 갖춰 바다에 안장됐다. 쿡Cook 선장은 정말로 하와이 원주민에 의해 요리됐지만cooked, 다행히도 원주민의 점심 식사가 되는 치욕을 당하지는 않았다. 만약 하와이인 성직자가 유해를 돌려주어 바다에 안장하는 것이 더 현명한 일이라는 것을 설득시키지 못했다면, 그의 유해는 아직도 하와이의 신성한 유물로 존재할 것이다.

•••신대륙에서 감자를 가져온 것도 워터 롤리 경이었다?

최근 BBC의 정오 뉴스는 감자를 '월터 롤리 경이 엘리자베스 1세에게 바친 선물'이라고 보도했다. "전하. 감자는 으깨 먹을 수도 있고, 삶아 먹을 수도 있습니다. 정말 용도가 다양하죠." 엘리자베스 1세는 선물 받는 것을 좋아했고 결정적으로 단것을 좋아했으니, 만약 롤리 경이 여왕에게 감자를 선물이라고 바쳤다면, 그는 훨씬 전에 처형됐을 것이 분명하다.

감자를 영국에 가져왔다고 회자되는 사람 중엔 모험가 프랜시스 드레이크 경이 있다. 『감자 책The Potato Book』에서 앨런 로먼스는, 자랑스럽게 감자 한 줄기를 머리 위로 쳐들고 있는 드레이크의 조각상이 1853년 독일의 오펜부르크Offenburg에 세워졌다고 전한다. 사실 롤리, 드레이크, 엘리자베스 1세 중 어느 누구도 흙 묻은 감자 줄기에 처음으로 손댄 사람은 아닐 것이다. 오직 가난한 백성들만 채소에 관심이 있었다.

『영국 인명사전』에 따르면, 존 게라드John Gerard의 1597년 저작 『약초Herball』가 식민지에서 유래된 채소에 대해 오해를 불러일으켰다고 한다. 게라드는 버지니아에서 온 감자 뿌리를 받았고, 자신의 정원에서 그것을 기르고 있다고 기록했다. 하지만 로먼스는 감자가 북 아메리카에서는 자라지 않는다고 지적한다. 『영국령 아메리카 식민지의 과학Science in the British Colonies of America』에서 레이먼드 피니스 스턴스Raymond Phineas Stearns는 게라드의 '감자'가 '고구마'이거나 '뚱딴지Jerusalem artichoke'일 가능성이 있다고 주장한다.

드레이크가 1577년 남미의 칠레에서 감자를 얻었지만, 1580년 영국에 돌아올 때까지 이 감자들이 살아남았을 가능성은 없다는 것이 로먼스의 주장이다(오늘날의 슈퍼마켓 운영자는 그런 감자에 대해서도 유통기한이 몇 주 더 남아 있다고 평가할 지도 모르지만…). 『영국 인명사전』은 감자가 페루에서 기원했다고 주장한다. 반면 『옥스퍼드 식품 안내서』는 유럽인들이 감자를 처음 접한 것은 1537년이며,

그 장소는 오늘날의 콜롬비아라고 설명하고 있다. 짐작했겠지만 아마 감자는 뒷문을 통해 은밀하게 유럽에 들어왔을 것이다. 1570년 스페인의 세비야에 도착했고 1590년대에 영국에 들어왔을 것으로 추정된다. 하지만 당시에는 감자에 대해 아무도 신경 쓰지 않았던 것 같다.

감자는 결코 순식간에 유럽 전역에 퍼진 것이 아니다. 『옥스퍼드 식품 안내서』는 개신교도들이 감자를 심지 않으려 했던 것은 성경에 감자가 언급되지 않았기 때문이라고 한다. 하지만 가톨릭 신자들은 이 까다로운 문제를 성공적으로 해결했다. 씨감자에 성수를 뿌려 성금요일Good Friday에 심었던 것이다.

오늘날엔 감자의 신성함에 대해 더 이상 의문을 가지지 않는다. 금요일에 생선을 먹는 가톨릭의 관습이 계속 환영받지 못하다가, 식사에 추가할 여분의 감자 조각이 생겨난 후에 받아들여진 것과 마찬가지 일이다. 오늘날 피쉬 앤 칩스Fish and Chips는 그렇게 시작되었다.

8.

근거 없는
황당한 주장들

•••마녀임을 확인하기 위해 여자들을 물속에 처박았다?

마녀사냥이 유행하던 17~18세기, 마녀를 확인하는 다양한 방법들이 있었다. 그런데 그중에는 잘못 알려진 것들도 많다. '물속 처박기ducking'도 그중 하나인데, 이는 사실 시험이 아니라 형벌이었다. '물속 처박기'는 '물고문 의자ducking stool'라 불리는 시소 형태의 목제 구조물에 사람을 묶어 강이나 연못에 처박는 행위다. 『현대 잉글랜드 초기 범죄와 심리상태Crime and Mentalities in Early Modern England』의 저자인 맬컴 개스킬Malcolm Gaskill은 행실 나쁜 여자의 '물속 처박기'와 '마녀 수영'이 자주 혼동됐다고 밝히고 있다. 『마법, 마술 및 문화Witchcraft, Magic and Culture』란 책에서 오웬 데이비스Owen Davies는 물고문 의자가 다양한 종류의 경범죄에 사용되었다고 한다. 즉, 축제 날 부적절한 옷차림을 했다든가, 도량형에 관한 법을 위반했다든가, 심한 욕을 했다든가 하는 사소한 범죄 말이다. 헨리 필딩Henry Fielding은 1739년 출간된 에세이 『Jurgatur Verbis』에 실린 글에서 이렇게 밝히고 있다. '행실 나쁜 여자는 모든 이웃사람들로부터 위협을 당하는 일이 잦았다. 내 마누라의 혀가, 내 몽둥이가 주변사람들에게 두려움을 주는 것인지 아닌지를 무수히 검증받아야 했다.' 헨리 필딩은 이어서 설명한다. '독설가의 혀는 미친놈의 손에 들려 있는 칼과 다를 것이 없기 때문에, 어떤 지방에서는 수로(水路) 위에 목제 의자를 세워놓은 다음, 의자에 무례한 인간을 앉혀 아주 심하게 물속에 처박곤 했다.' 『멋진 잉글랜드 수도원 관광 3가지Three Tours of England's Wonderful Abbeys』에서 제인 마샬Jane Marshall은 영국에서 이런 장치를 사용했다는 마지막 기록은 1809년 레오민스터Leominster에서 제인 커랜Jane Curran 혹은 제니 파이프스Jenny Pipes를 대상으로 한 것이라고 한다.

'물속 처박기'라는 형벌과는 달리, 마녀를 확인하는 작업은 '수영'이었다. 1613년 런던에서 발행된 소책자 『마녀의 체포, 검사

그리고 처형Witches Apprehended, Examined and Executed』은 마녀 확인 절차에 대한 지침을 알려주고 있다. 이 의식(儀式)은 영국왕 제임스 1세가 1597년에 펴낸 마녀-사냥꾼 편람인 『Daemonologie』에 근거를 두고 있는데, 한 구절을 소개해보겠다. '신은 명하셨다. 물이 그들을 가슴으로 받아들이지 않을 것이며, 세례의 성스러운 물이 그들을 뿌리칠 것이다.' 마녀가 의심되는 여인은 손과 발이 묶인 채로 연못이나 강에 던져졌다. 물이 거부해서 떠오른다면 그들은 죄가 있는 것이고, 물이 받아들여 가라앉는다면 그들은 결백한 것이다. 런던 소책자에는 목판화로 찍은 그림을 수록해 문맹자들도 그 방법을 자세히 알 수 있도록 했다.

오웬 데이비스에 따르면, 메리 서튼Mary Sutton의 경우 런던 소책자에 근거해 시험했지만 결론을 내지 못한 채로 종결됐다고 한다. 메리는 처음 물에 넣었을 때는 가라앉았고, 두 번째로 물에 넣었을 때는 떠올랐던 것이다. 그 후 메리는 치안판사에 의해 기소돼 유죄 판결은 받은 후, 교수형에 처해졌다. 수영을 하는지 못하는지 시험하는 것은 사실 요식행위였던 것이다.

•••스코틀랜드의 클랜 타탄은 고대의 유물이다?

클랜 나탄 무늬의 킬트kilt(*스코틀랜드 남자들이 입는 치마 모양의 전통

의상-옮긴이)를 자랑스럽게 입는 사람들에게 안 좋은 소식을 전한다. 스코틀랜드의 클랜 타탄이 고대로부터 전승되어 왔다는 믿음은 진실이 아니고, 앨런Allen이란 이름을 가진 사기꾼 형세가 상당 부분 기여한 것으로 보이기 때문이다.

하일랜드Highland(*스코틀랜드를 일컬음-옮긴이) 의상이 어떠했는지 짐작할 수 있는 최초의 단서는 17세기 말, 존 마이클 라이트John Michael Wright의 그림 『하일랜드 족장A Highland Chieftain』이다. 그림 속 주인공은 캠벨Campbell 가문의 사람인데, 그가 입고 있는 옷의 무늬는 캠벨 타탄이 아닐뿐더러, 오늘날 알려진 다른 타탄 무늬 중에도 그와 비슷한 것이 없다. 『캠벨 씨족의 역사A History of the Clan Campbell』 제1권에서 알라스테어 캠벨Alastair Campbell은, 그 그림 속의 타탄 무늬는 변칙적인 것이며, 초기 타탄에서 그런 일은 흔하다고 말한다. 사실 15~16세기 문헌에서 특정 타탄을 다룬 것은 찾아볼 수 없다.

교차되어 반복되는 타탄의 무늬는 지역과는 어느 정도 관련이 있지만, 씨족과는 연관이 없는 것으로 보인다. 『유럽: 한 가지 역사Europe: A History』에서 노먼 데이비스Norman Davies는 보통 사람들의 경우 이런 관행을 따른 적이 없다고 주장한다. 역사학자 마그누스 마그누손Magnus Magnusson 역시 1764년 출간한 『스코틀랜드: 어떤 민족의 이야기Scotland: The Story of a Nation』란 책에서 당시 씨족의 충성을 상징하는 타탄 무늬는 없었다고 지적한다. 이런 견

해는 동시대의 화가 데이비드
모리어David Morier가 그린『쿨로
덴의 전투The Battle of Culloden』에
도 나타난다. 그림 속의 자코바
이트군은 서로 다른 다양한 타
탄을 입고 있다. 18세기 말에 나
온『브리태니커 백과사전』역시
타탄이 친족 관계를 나타내기
위한 표시라기보다는 개인의 취
향에 따라 선택된 것임을 시사
하고 있다.

　타탄 무늬의 대유행은 18세기
초에 있었던 한 사건으로부터 시작됐다. 1822년 소설가인 월터
스코트 경Sir Walter Scott의 초대를 받은 영국왕 조지 4세George IV
가 에든버러Edinburgh를 공식 방문할 때 킬트를 입었던 것이다. 데
이비드 맥크론David McCrone의『스코틀랜드 이해하기Understanding
Scotland』에는 왕이 상의 아래에 맞춤한 분홍색 타이츠를 신었다
고 기록하고 있다. 타탄을 특정 씨족의 이름과 연결시키는 관습
은 이 방문을 시작으로 정착되기 시작했다.

　노먼 데이비스에 따르면, 씨족 이름과 타탄을 연결시키는 것
은 두 명의 사기꾼 형제로부터 시작되었다. 존 앨런과 찰스 앨런

John and Charles Allen 형제는 자신들이 오래 전 실종된 폴란드 자코바이트 왕가 출신이라고 주장했다.

그들은 데이비스가 '정교하게 만들었지만 위조된 작품'이라 평한 책을 만들어 『Vestiarium Scoticum('스코틀랜드 의상'이란 뜻의 라틴어 버전)』이라 당당하게 제목을 붙였다. 그리고 그 책이 로스의 추기경Bishop of Ross이 소장했던 것으로 16세기 작품이라고 주장한 것이다.

1842년에 만들어진 광고용 소책자에서 존 앨런은, 그 작품은 많은 비용을 들여서 정말 훌륭하게 준비되었고 45권을 한정판매한다고 공지했다.

앨런 형제의 책을 '웅장한 허구'라 묘사한 알라스테어 캠벨은 앨런 형제가 이슬레이의 캠벨J. F. Campbell of Islay에게 보냈던 편지를 인용한다. 그 편지에서 앨런 형제는 제6대 아길 공작6th Duke of Argyll은 보통 42번째 타탄 무늬(블랙 워치Black Watch라고 알려진 청, 흑, 녹색의 타탄)로 된 옷을 입었고, 1824년부터는 밝은 'sprainges'(노란색과 흰색의 줄무늬)를 채택했다고 주장한다. 하지만 1819년 캠벨가의 노부인이 소위 타탄의 전통을 사기꾼 형제에게 털어놓기 전까지 그들은 아무것도 알지 못했다고 한다.

앨런 형제는 '밝은 줄무늬'가 캠벨 가문의 족장과 가족들만 쓰던 것이라 주장했지만, 알라스테어 캠벨은 이 같은 주장이 터무니없다고 일축한다. 후대의 타탄 전문가들이 사랑하는 노랗고

흰 줄무늬는 영리한 형제가 날조한 것에 불과하며, 오늘날 씨족을 대표하는 타탄이라고 알려진 것들 대부분을 이 형제가 만들어냈다는 것이다. 오늘날 캠벨 씨족의 사람들이 바른 전통을 지키고자 한다면, 소위 '아길의 캠벨 타탄'과 '로카웨의 캠벨 타탄'을 피하라고 충고한다.

캠벨은 앨런 형제가 이미 전통의 타탄을 갖고 있는 씨족에게 다른 타탄을 만들어주기도 했다고 한다. 『씨족과 타탄Clans & Tartans』이란 책에서 제임스 맥케이James MacKay는 이렇게 정리하고 있다. '아이러니하게도 앨런 형제가 고안한 타탄들이 가장 오래된 전통적 타탄으로, 그리고 가장 확실한 양식으로 간주되고 있다.'

현대에서 특정 격자무늬 패턴을 사용할 수 있는 권리는 여전히 철저하게 보호되고 있다. 2005년 10월 12일자 『데일리 텔레그래프』는 패션 명가 버버리Burberry가 패럿ferret 액세서리점의 소유주를 상대로 버버리 체크무늬 도용에 대해 고소하겠다고 위협한 사건을 보도했다. 혹시 버버리가 '패럿 액세서리 제품 라인을 기획하고 있느냐'는 질문에, 버버리의 대변인은 이렇게 말했다고 한다.

"아직은 아니지만, 그렇다고 절대로 하지 않을 거란 말은 아니다."

흠, 계속 지켜보자.

•••올림픽은 고대 그리스 때부터 정기적으로 열렸다?

원래 이 축제는 기원전 776년부터 그리스의 올림피아에서 개최됐고, 4년마다 운동, 문학, 음악 분야에서 경합하는 것이 특징이었다.『헤롯 대왕의 건축 계획The Building Program of Herod the Great』이란 책에서 듀에인 롤러Duane W. Roller는, 헤롯왕이 기원전 12년 빈약한 행사에서 우승했고 종신 대통령이 됐다고 밝히고 있다. 헤롯왕이 완벽하게 나쁜 사람은 아니었던 모양이다.

『옥스퍼드 관용구 및 우화 사전Oxford Dictionary of Phrase and Fable』은 그 축제가 로마 황제 테오도시우스Theodosius에 의해 서기 393년에 폐지되었고, 그 이유인즉슨 그 축제에서 연상되는 것 때문이라고 한다. 19세기 들어 경기를 다시 개최하자는 목소리가 높아졌다. 1833년 그리스 시인 파나지오티스 소우트소스Panagiotis Soutsos는 자신의 시『죽은 자들과의 대화』에서 경기의 부활을 요구했다.『영국 인명사전』에 실린 글에 따르면, 1850년 영국 의사 윌리엄 페니 브룩스William Penny Brookes가 슈롭셔Shropshire 지방의 웬록Wenlock에서 웬록 올림픽협회를 조직했고, 매년 문학과 예술, 운동 경기의 기술과 강도를 다투는 경기가 열리게 됐다고 한다. 브룩스의 말에 따르면, 그 행사는 원래의 올림픽과 유사하게 '모든 계급의 남자'에게 개방되었다. 1859년 부유한 그리스 사업가 에반겔리스 자파스Evangelis Zappas는 그 경기가 아테네

에서 열릴 수 있도록 자금을 대주었다. 2년 후 자파스의 성공에 고무된 브룩스는 슈롭셔 올림픽 경기란 단체를 설립했고, 영국의 국립 올림픽협회 창립을 지원했다. 다음해 크리스털 팰리스 Crystal Palace에서 이 단체들이 주최한 첫 경기가 열렸고, 1만 명이 넘는 관중이 운집했다. 부룩스의 노력이 가상하기는 했지만, 프랑스인 남작 피에르 드 쿠베르탱Pierre de Coubertin이 영구적인 국제 행사로 정립시킬 때까지는 지지부진할 수밖에 없었다. 아무튼 1896년 12개국이 참가한 가운데, 최초의 현대 올림픽 경기가 아테네에서 열렸다.

현대 올림픽의 상징적인 개막식 행사는, 계주 주자 한 사람이 헤라 신전에서 채취된 불꽃을 운반해 개최 도시의 횃불에 불을 붙이는 것이다. 이는 올림픽의 불꽃이 3,000년 동안 신전 안에서 꺼지지 않고 타올랐다는 의미를 함축한다. 그런데 이런 얘기에 속아 넘어갈 사람은 많지 않을 듯하다. 『브리태니커 백과사전』은 아예 그런 전례가 없음을 밝히고 있다. '올림피아에 있는 헤라 신전으로부터 개최 도시까지 횃불을 운반하는 이어달리기는 고대 올림픽에는 전례가 없고, 유사한 이벤트도 없었다.' 고대의 올림픽 경기는 올림피아에서 열렸으므로, 횃불을 들고 달릴 필요가 아예 없었던 것이다. 『브리태니커 백과사전』에 따르면, 올림픽 성화에 불을 붙이는 행사는 1928년 암스테르담에서 열린 올림픽 때 처음 등장했다고 한다. 성화를 들고 '이어 달린다'는 아이디어는 1936년 베를린 올림픽 조직위원회의 칼 디엠Carl Diem이 생각해냈고, 베를린 올림픽에서 최초로 실행됐다.

원래 고대 올림픽의 참가자들은 나체로 경쟁했다. 그러나 이 전통은 오늘날의 경기에 전승되지 않았다.

자신의 번호를 붙일 곳이 필요하다는 것을 깨달았기 때문은 아닐까.

•••'보스턴 차 사건'은 세금에 대한 저항이었다?

영국이 미국 식민지에 부과한 무거운 세금이 '보스턴 차 사건'을 유발했다고 믿는 사람들이 많다. 하지만 사건의 발단이 되었던 '차 조례(Tea Act)'를 통해 식민지의 차 가격은 절반이 되었다. 도대체 무슨 일이 일어났던 걸까?

영국 정부는 아메리카 대륙에 식민지를 경영한 지 150년 만에 처음으로 식민지 주민에게 세금을 부과하려 시도했다. 당시 영국 정부는 무려 1억 2천 3백만 파운드(오늘날의 가치로는 약 500억 파운드)에 가까운 부채를 지고 있었다. 프랑스와의 7년 전쟁을 치르느라 부채가 늘어났던 것이다. 이에 필요한 자금을 마련하기 위해 영국 본국에서 세금을 올릴 수는 없었다. 영국 본토의 국민들은 이미 형벌 수준의 높은 세금을 내고 있었기 때문이다. 브렌던 모리시Brendan Morrissey가 쓴 『보스턴, 1775년Boston, 1775』은 이러한 상황을 잘 설명하고 있다. '미국의 납세자가 6펜스의 세금을 내고 있었는데 비해, 영국의 납세자들은 25실링을 내고 있었다.(*1실링은 12펜스이므로, 영국 납세자는 미국 납세자의 50배 되는 세금을 내고 있었던 셈이다-옮긴이). 식민지 주민들은 방위비를 부담하라는 본국의 요구에 직면해 있었다. 수입관세와 수출 관세가 부과되고 있었지만, 모두들 당연하다는 것처럼 탈세를 하고 있었기 때문이다.

식민지 주민들은 영국 웨스트민스터 의회에 자신들의 대표가 없으므로, 영국이 식민지에 세금을 부과할 권리가 없다고 강경하게 주장했다. 버지니아의 변호사 패트릭 헨리Patrick Henry는 '대표 없이 세금 없다'는 고리타분한 영국 표어를 꺼내 들었다. 하지만 잉글랜드이 모든 주요 산업 기여도 미국과 다르지 않았다. 딩시에는 남자들 중 3%만이 투표할 수 있었기 때문이다. 영국 수상 조지 그렌빌George Grenville이 아메리카 방위비에 대해 식민지 의회가 얼마만큼이나 부담하겠냐는 질문을 했을 때, 식민지 주민들은 들은 척도 하지 않았다. 자신들의 손으로 증세할 생각은 전혀 없었기 때문이다.

그러자 영국 의회는 미국 식민지에 대해 여러 가지 증세 조례를 시도했다. 『브리태니커 백과사전』의 설명을 들어보자. 설탕 조례Sugar Act를 통과시켜, 그 당시 싼값에 서인도 제도에서 수입하던 설탕을 영국에 관세를 물고 수입하도록 했다. 그런데 이 조치는 사실상 아메리카 대륙 뉴잉글랜드 지방의 증류주 제조업자에게 혜택이 돌아가는 일이었다. 인지 조례Stamp Act(신문과 같은 소모품에 붙는 세금)는 '폭동, 인지 소각, 식민지 인지 배급업자에 대한 협박'과 같은 반발에 직면했고, 그 결과 바로 철회됐다. 1767년의 타운센드 조례는 차 1파운드 당 3펜스의 세금을 부과하는 것이었는데 격렬한 반발에 부딪쳤다. 하지만 식민지의 왕이었던 조지 3세는 왕가의 징세 권한에 대한 징표로 차에 대한 세금을 유지할 것을 고집했다. 그러나 『브리태니커 백과사전』에 따르면 존 핸콕John Hancock과 같은 보스턴 차 상인들은 네덜란드 상인들에 의해 밀수된 차를 받음으로써 이를 피해갔다고 한다.

그 후 1773년, 차 조례가 발표됐다. 하지만 이는 결코 아메리카 식민지의 서민들을 약탈하려 한 것이 아니었다. 단지 허약한 영국 동인도회사를 구하기 위한 시도였을 뿐이다. 당시 영국 동인도회사는 1천 700만 파운드의 남아도는 차를 창고에서 썩히고 있었다.『브리태니커 백과사전』은 영국 정부가 소비세 규제를 완화함으로써, 동인도회사가 이 차를 할인된 가격에 처분할 수 있게 해주려 했다고 한다.『미국 사람들의 역사A History of the American People』에서 폴 존슨Paul Johnson은 이렇게 서술한다. '존경받는 대형 밀수업자인 존 핸콕은 영국 정부의 이런 움직임을, 자신의 생존을 위협하는 책동으로 규정했다.'『세상 최고의 미국 역사책The Best American History Book in the World』이라는 꽤나 겸손한 제목의 책에서 에릭 버넷Eric Burnett은 핸콕이 이렇게 말했다고 한다. '부자들은 돈을 잃게 될 것이다. 지금은 폭동을 일으킬 때다!' 타운센드 조례가 적용된 1767년부터 차 조례가 시행된 1773년까지 6년 동안, 식민지 주민들은 행복하게 세금을 내거나 탈세를 했던 것이다.『세금 십자군과 직접 민주주의 정책Tax Crusaders and the Politics of Direct Democracy』이란 책에서 대니얼 스미스Daniel A. Smith는 이렇게 말한다. '역사가들은 추가 부담금에 의해 생겨난 정부 수입은 상당히 적은 편이었고, 심각하게 불공평한 것은 아니었다는 데 의견의 일치를 보인다.' 영국 정부의 가격 할인을 통한 차 독점은 보수적인 식민지 상인들을 궁지에 몰아넣었고, 결국 새뮤얼 애덤스가 이끄는 운동가들과 그의 조직 '자유의 아들들Sons of Liberty'에 의해 보스턴 차 사건이 일어나게 된다.『맥밀런 백과사전Macmillan Encyclopedia』은 그들이 싼값의 차가 수입되는 것을 반대하는 아메리카 급진파 집단이라고 확인해준다. 1773년 12월 16일, 미 원주민 모호크Mohawk족으로 변장한 '자유의 아들들' 단원들은 보스턴 부두에 정박해 있는 배에 실려 있던 차 342상자를 바다에 던져버렸다. 북미 원주민 차림으로 변장한 것이 '자유'를 상징하는 것이기도 하지만, 동시에 익명의 '해방을 추구하는 사람들'을 나타내는 것이기도 하다.

결론적으로 보스턴 차 사건은 무거운 과세에 반발해 발생한 사건도 아니고, '대표 없는 곳에 과세 없다'는 고상한 정치적 원칙 때문에 일어난 것도 아니었다. 존 핸콕과 같은 부유한 밀수업자들이 직면하게 될 재정상의 손해가 촉발한 것이었을 뿐이다.

•••미국의 공식 언어로 독일어가 선택될 뻔했다?

미국 독립 전쟁 후, 미합중국은 피로써 얻은 독립을 지키기 위해 고군분투했다. 영국의 언어학자 허버트 크로프트 경은 1797년 영국 공주에게 보낸 한 편지에서 '미국 사람들이 영어를 버리고 프랑스어를 공용어로 채택함으로써 잉글랜드에 복수하겠다는 생각을 하고 있다'고 주장했다. '우리는 영국놈들에게 본때를 보여줄 것이다! 우리는 프랑스어에 유창해질 것이고, 영국놈들이 그걸 어떻게 생각할지 지켜보겠다!' 1만여 톤의 차를 바다에 던져 넣은 보스턴 차 사건이 반체제 인사들에게 얼마나 열렬한 지지를 받았는지를 보면 그 분노를 짐작할 수 있다.

이 전설의 실제 버전이 어떠했는지 알아보자. 미국 독립 이후 미국의 공용어는 불어가 아니라 독일어가 될 수도 있었다고 한다. 이 같은 주장에는 아주 약간의 진실이 담겨 있다. 『언어문화와 국어 정책Linguistic Culture and Language Policy』이란 책에서, 언어학 교수 해롤드 쉬프먼Harold F. Schiffman은 이 논란에 대해 다음과 같이 설명하고 있다. '1794년 버지니아에 거주하는 시민들 중 독일어를 사용하는 사람들이 연방법 책자 일부를 독일어로 인쇄해 달라고 제3차 의회에 청원했다.' 의회는 여러 시간의 토론을 거쳐 투표에 부치기로 했다. 하원의장이자 펜실베이니아 출신인 프레데릭 오거스트 뮐렌버그Frederick August Muhlenberg가 그 제안의 후견인 중 한 사람이었다. 투표가 왜곡되는 것을 막기 위해, 그는 하원의장 자리를 사퇴하기까지 했다. 『언어 계획의 진보Progress in Language Planning』라는 책은 '42 대 41'로 그 제안이 기각됐다고 전한다.

독일어 사용자를 위해 법령을 독일어로 인쇄하자는 안이 부결된 이 사건이, 미국 공용어로 독일어를 채택하자는 안이 근소한 차이로 부결됐다는 전설로 확대 포장됐다. 쉬프먼에 따르면, 그 후로도 법령을 독일어로 인쇄해 달라는 요구가 잇딜있지만, 녕어가 이미 공화국의 공식 언어라는 입장에 근거해 모두 기각됐다고 한다.

『영어라는 언어의 역사A History of the English Language』에서 리처드 호그Richard M. Hogg는 다음과 같이 설명한다. '영국과 미국의 공용어가 영어라고 간주되고 있긴 하지만 프랑스, 그리스, 칠레와 같은 나라와는 달리, 영국과 미국에서는 공식 언어라는 개념이 없었다.'

•••플레밍은 두 번이나 처칠의 목숨을 구했다?

자기 계발서에 종종 등장하는 이 이야기의 기원은 1950년대로 거슬러 올라간다. 스코틀랜드 농부의 아들인 알렉스 플레밍Alex Fleming이 호수에서 빠져죽을 뻔한 어린 윈스턴 처칠을 구해주었다는 것이 이야기의 시작이다. 처칠의 아버지는 멋진 마차를 타고 농부의 집을 찾아가, 지극한 감사를 표하고 가난한 알렉스 플레밍이 의학 교육을 받을 수 있도록 돈을 대줬다는 것이다. 말이 나온 김에 덧붙이자면, 플레밍의 원래 이름은 알렉스Alex인데, 그보다는 애칭인 알렉Alec으로 알려졌다. 의학도의 길을 걷던 중, 플레밍은 페니실린을 발견했고 그로부터 몇 년 후 그가 발견한 페니실린이, 뻔히 짐작하겠지만, 병든 윈스턴 처칠의 목숨을 또 한 번 구했다는 것이다. 『처칠 센터Churchill Centre』는 이 이야기가 몇 가지 이유로 '확실한 허구'라고 주장한다.

윈스턴 처칠은 어린 시절 아일랜드에서 살았다. 스코틀랜드에 산 적이 없는 것이다. 런던으로 옮겨온 후, 처칠은 여덟 살 때부터 기숙사제 학교에 다녔으므로 그렇게 물에 빠지는 사고를 당했다면, 처칠의 부모가 몰랐을 리가 없다는 것이다. 재니스 해밀턴Janice Hamilton의 전기 작품인『윈스턴 처칠』에 따르면, 소년의 부모는 아들을 사랑하긴 했지만, 학교 기숙사로 아들을 보러 가는 일을 자주 잊었고, 학교 근처를 지나가는 일이 있더라도 아들을 보러 들르지 않았다고 한다.

그렇다면 페니실린과 처칠은 어떻게 관련되어 있을까? 1944년 처칠은 폐렴에 감염됐고, 그때 신약인 페니실린으로 치료받았을 가능성이 있다. 하지만『유레카와 유포리아Eurekas and Euphorias』의 저자인 월터 그래처Walter Gratzer에 따르면, 처칠에게 처방된 약은 전통적인 약 설폰아마이드였다. 하지만 처칠이 페니실린으로 치료받았다는 루머는 계속됐다.『알렉산더 플레밍Alexander Fleming』이란 책에서 그윈 맥팔레인Gwyn Macfarlane은 이렇게 주장한다. '플레밍이 물에 빠진 처칠을 구했다는 이야기가 말이 안 되는 이유는 처칠의 나이가 플레밍보다 일곱 살이나 많기 때문이다.' 『처칠 센터』는 이러한 오류가 1950년대 발간된 책인 『어린이를 위한 예배 프로그램Worship Programs for Juniors』에서 시작된 것이라고 단언한다. 이 이야기는 '친절의 힘'이란 제목이 붙은 장에 들어 있었고, 그 교훈은 아마도 이러했을 것이다.

'물에 빠진 어린아이를 구하는 것은 단지 도덕적 의무만이 아니다. 거기에는 당신을 위한 뭔가가 따라올 수도 있다.'

•••황제의 손가락 때문에 굽은 철도 노선이 만들어졌다?

문제가 된 곳은 모스크바로부터 상트페테르부르크로 가는 구간이다. 시베리아 횡단 철도를 계획할 때, 차르 니콜라스 1세가 우연히 지도 위에 놓인 자(尺)에 손가락을 가져다 댔다고 한다. 철도 기획자는 황제에게 손가락을 치우라고 하지 못했고, 불가피하게 철도 노선을 구부러지게 했다는 것이 전설의 줄거리다.

1842년 2월 1일, 차르는 합리적이고 개방된 토론 후에 철도 건설을 허가했고, 공사는 9년 후에 끝났다. 하지만 완공된 철도 구간은 모두 직선이었다. 『세계의 기차 2012-2013Trains du monde』을 쓴 오지아와 라보르데트Auzias and Labourdette는, 차르가 사망한 지 22년 후인 1877년 '베레빈스키 우회로Verebinsky bypass'로 알려진 우회 철길이 추가됐다고 한다. 우회 철길은 노보고로드Novgorod

마을 근처에서 17km에 이르는 구간으로 굽은 손가락 모양을 하고 있다.『시베리아 횡단 철도Trans-Siberian Railway』를 쓴 리치몬드와 보르히스Richmond and Vorhees는, 사실 그 곡선 구간이 당시 운행하던 러시아제 증기 기관차가 힘이 달려 올라갈 수 없을 만큼 경사가 급했기 때문에 우회하기 위해 만들어졌다고 한다.

터무니없는 얘기를 사랑하는 사람들에게 '차르의 손가락'으로 알려졌던 그 우회 구간은 지금은 더 이상 존재하지 않는다. 현대식 기차의 진행을 방해하던 그 구부러진 구간은 2001년 직선으로 펴졌다. 2009년에는 모스크바로부터 상트페테르부르크 구간에 고속 전철이 다니기 시작됐고, 주행 속도는 시속 250km에 달한다. 모스크바에서 상트페테르부르크까지 단 3시간 45분이면 주파한다.

차르가 이 사실을 안다면 아마 엄지손가락을 치켜들지 않을까?

•••2차 대전 중 군인들에게 성욕 억제 음식이 배급되었다?

남아프리카의 병사들은 자신들이 먹는 음식에 '푸른 돌(황산구리)'이 첨가됐다고 믿는다. 미국 병사들 사이에서는 차에 초석(질산칼륨)을 넣는다는 말이 돌았다. 폴란드 군대에서는 커피에 질산칼륨을 넣고, 프랑스에서는 포도주에 성욕 억제제를 투입한다는 소문이 있다. 독일 군인들은 커피와 소다수, 음식에 요오드가 첨가됐다고 생각하고, 영국 병사들은 차에 브롬화칼륨이 첨가됐다고 믿는다. 전 세계의 군인들이 자신들이 먹는 음식에 성욕을 억제하기 위한 약품이 투여된다고 믿고 있다. 과연 확실한 근거가 있는 이야기일까? 지금부터 알아보기로 하자.

영국의 지역보건의 데이비드 델빈David Delvin 박사는 그 같은 얘기가 완전 터무니없는 것이라고 확인해준다. 황산구리는 구토를 일으키게 하는 물질로, 의료용 목적으로만 사용된다. 소량이라도 황산구리를 먹게 되면 위염을 일으키기 때문이다. 요오드는 유독성이라 소량이라도 섭취하면 안 된다. 더구나 화약의 성분인 초석에는 성욕을 억제시키는 효과가 없다. 브롬화칼륨은 빅토리아 시대에 진정제로 쓰이던 것으로, 사람들을 극도로 졸리게 만들기 때문에 성욕을 느낄 틈을 주지 않을 수도 있다. 하지만 소량만 복용해도 브롬 중독을 일으킬 수 있고, 일단 중독이 되면 정신착란 증세를 보이게 된다. 분홍색 토끼를 보는 늘어진 병사나 위장병과 설사에 시달리는 병사보다는 성욕에 달뜬 병사 쪽이 낫지 않겠는가.

전 세계적으로 그런 헛소문이 끈질기게 나도는 이유 중 하나는, 군대 식량이 하나같이 이상한 풍미를 갖고 있기 때문이다. 이것이 섭취 후에 발기부전을 경험한 병사들의 사례와 결합됨으로써, 자신들의 음식이 당국에 의해 오염되었다고 의심하게 만든 것이다. 『변종 성생활Variant Sexuality』이란 책에서 글렌 대니얼 윌슨Glenn Daniel Wilson은 이렇게 말한다. '남자들은 오랫동안 성행위를 하지 않으면 성욕을 꺼버리는 능력을 갖고 있다. 교도소에 갇히거나 병원에 입원해 있는 남자들에게서 성적 환상이 감소하는 것이 그 증거다.' 계속해서 윌슨은 이렇게 덧붙인다. '군에 복무하는 병사들이 성욕의 저하를 느끼는 것은 심인성 테스토스테론 생산 감소, 혹은 다른 신경학적 적응의 결과이지, 차에 들어간 전설의 브롬화물 때문은 아닐 것이다.'

의학적으로 필요할 때 병사들에게 진정제를 투여할 수는 있지만, 성욕을 억제하기 위해 정기적으로 약물을 투여한다는 것은 있을 수 없는 일이다. 결국 진실은 하나다.

전 세계적으로 군대 음식의 맛은 똑같이 뭐 같다는 것!

9.

왕들의
가짜 신화

•••°로버트 1세는 거미를 보고 잉글랜드를 물리쳤다?

로버트 드 브루스 8세(로버트 1세)는 1314년 벌어진 배넉번 Bannockburn 전투에서 승리함으로써 잉글랜드인들을 스코틀랜드에서 쫓아냈고, 1328년 노샘프턴Northampton 강화조약에 의해 스코틀랜드의 독립을 성취했다.

　로버트 1세의 거미 이야기는 그가 북아일랜드 해안에서 조금 떨어진 래슬린 아일랜드Rathlin Island에 숨어들었을 때 일어난 일이다. 거미 한 마리가 6전7기로 거미줄을 치는 것을 보고 잉글랜드와의 전투를 계속할 투지를 되살렸다는 것이다. 하지만 로버트 갬블스는 『모기 보고 칼 빼기』에서, 존 바버John Barbour의 14세기 시 '브루스The Bruce'를 언급하며, 이 유명한 사건에 대해 일언반구 언급이 없음을 지적한다. 『모기 보고 칼 빼기』1997년 재발행본의 서문에서 던컨A. A. M. Duncan도 갬블스의 의견에 동의한다. 던컨은 18세기 이전에는 공식적인 기록이 없으며, 이 이야기는 민간에서 만들어진 설화일 뿐이라고 설명한다.

　이런 착오를 널리 퍼지게 만든 책임을 져야 할 사람은 19세기 스코틀랜드 출신 작가인 월터 스콧 경Sir Walter Scott일 것이다. 스콧 경이 1829~30년 사이에 쓴 작품인『할아버지가 들려주는 이야기: 스코틀랜드의 역사Tales of a Grandfather: History of Scotland』를 보면 로버트 1세와 거미 이야기가 다음과 같이 소개되어 있다. '브루스가 래슬린 섬의 초라한 침상에 누워 있을 때, 거미 한 마리가 그의 눈길을 끌었다. 거미는 천장의 한 대들보에서 다른 대들보로 건너가려고 했지만 번번이 실패했다. 무려 여섯 번이나 실패했던 것이다. 잉글랜드를 상대로 한 전투에서 여섯 번 싸워 모두 패했던 부르스는 자신과 거미가 같은 처지임을 깨닫게 된다. 그 순간, 부르스는 거미에게 따라올 행운과 자신의 운명을 동일시하기로 결정했다. 곧이어 거미는 성공했고, 부르스는 잉글랜드인에게 다시 한 방을 먹이기로 결심했다.' 월터 스콧 경은 이 이야기를 이렇게 마무리한다. '나는 브루스란 성을 가진 사람들을 자주 만나면서, 이 이야기가 진실이라고 완전히 믿게 되었다. 그

들은 어떤 이유로도 거미를 죽이지 않았다.'

『스코틀랜드』란 책의 저자인 마그누스 마그누손은 이 이야기가 200년 전 더글러스 가문의 기록에 최초로 나타났으며, 역사가이자 시인인 데이비드 흄David Hume도 그렇게 서술했다고 주장한다. 하지만 17세기의 작품『더글러스 및 앵거스 가문과 종족의 역사History of the House and Race of Douglas and Angus』에서 흄의 주장은 조금 다르다. 거미를 본 것은 브루스가 아니라, 브루스 휘하의 지휘관이었던 제임스 더글러스였다는 것이다. 흄에 따르면, 문제의 거미는 어떤 나무의 가지에 거미집을 짓고 있었고, 열두 번을 시도한 끝에 성공했다고 한다. 이를 지켜본 더글라스가 부르스에게 고했다고 한다. '전하, 거미가 보여준 본보기를 따라, 다시 한 번 전하의 운을 믿고 나아가십시오. 우리에겐 아직 병사들이 있고 열세 번째 기회가 있사옵니다!'

이렇게 해서 할리우드 방식으로, 최고의 대사는 더글러스가 아닌, 승리를 거둔 영웅 브루스에게 돌아갔던 것이다.

•••리처드 3세는 꼽추였다?

비운의 리처드 3세를 머릿속에 그려보라. 아마 대부분의 독자들은 1955년 로렌스 올리비에Sir Laurence Olivier가 주연한 영화에서 콰지모도가 느릿느릿 걸어가
는 모습을 떠올릴 것이다. 이
영화의 원작이 되었던 셰익
스피어는 이렇게 읊고 있다.
'불구에, 미완성인 채 자신의
시대 이전에 보내진 / 이 숨 쉬
는 세상 속으로, 반만 완성된
희한한 모습으로'

영국 왕가가 소장한 리처
드 왕의 초상화는 1520년경(리처드가 죽은 후 35년이 지난 시점이다)
에 그려진 것으로 판단되며, 우리가 그에 대해 갖고 있는 꼽추
이미지를 확신시켜 준다. 초상화 속의 리처드 왕은 오른쪽 어깨
가 심하게 치켜 올라가 있기 때문이다. 그렇지만 『중세 백과사전
Encyclopedia of the Middle Ages』에서 마크 옴로드W. Mark Ormrod는 '셰
익스피어에 의해 널리 퍼진 종래의 견해, 즉 리처드가 꼽추였다
는 사실을 지지하는 증거는 없다'고 진술하고 있다.

셰익스피어는 단지 토머스 모어 경(후에 잉글랜드의 대법관을 역임
했다)의 말을 극화했을 뿐이었다. 모어 경은 1518년 자신의 책 『리
처드 3세의 역사History of King Richard III』에서 리처드를 이렇게 묘
사하고 있다. '그는 몸집이 작고, 못 생긴 손발에 곱사등이인데
다, 왼쪽 어깨는 오른쪽보다 훨씬 높아서 호감을 가질 수 없는 용

모를 가지고 있다.' 모어 경은 이렇게 덧붙였다. '그는 악의적이고 화를 잘 내며 시기심이 강할뿐더러, 태어날 때 발부터 나오는 만용을 부렸고 치열도 고르지 않았다.' 『모기 보고 칼 빼기』를 쓴 로버트 갬블스는 모어 경이 1491년도 요크 시 기록Civic Records에 근거해 그 글을 썼다고 주장한다. 요크 시의 기록에서, 존 페인투어John Payntour란 사람은, 리처드를 위선적이고, 곱사등이에, 개처럼 시궁창에 묻어버려야 할 인간이라고 비난하고 있다.

『잉글랜드 왕들의 역사History of the Kings of England』란 책에서 15세기에 살았던 사제이자 골동품 연구가인 존 루스John Rous는 리처드를 '작은 몸집에 짧은 얼굴, 오른쪽이 높고 왼쪽은 낮은 어깨를 하고 있었다'고 주장했다(모어 경은 왼쪽 어깨가 높다고 했다). 루스는 '리처드가 엄마의 자궁 속에 2년을 머물렀으며, 이가 나고 머리칼이 자란 상태로 어깨부터 태어났다'는 믿기 어려운 주장을 하고 있다. 하지만 루스의 두루마리에 함께 수록된 리처드 왕과 앤 네빌Anne Neville 왕비를 그린 선화(線畵)는 루스의 의견과는 다른 모습을 보여주고 있다. 리처드는 상냥한 표정에 평평한 어깨를 하고 있으며, 오른 손엔 홀(笏)처럼 보이는 칼을 치켜든 모습이다. 앤 왕비는 놀란 듯한 표정인데, 그녀의 눈썹을 너무 높이 그렸기 때문인 것으로 보인다.

1534년의 책 『잉글랜드 역사English History』에서 폴리도어 버질Polydore Vergil은, 리처드가 작은 몸집에 불구의 몸이었다고 쓰고 있지만, '꼽추' 소견에 대해서는 왕좌의 좌우 높이가 달랐을 뿐이라고 문제를 축소하고 있다. 그렇지만 어느 쪽이 더 높은지를 밝히지 않은 것은 의심스럽다. 호록스는 이런 의견들에 대해 이렇게 정리하고 있다. '동시대의 연대기 작가들은 리처드가 왜소한 체형이었다는 데 모두가 동의한다. 만약 리처드가 어떤 신체적 결함을 갖고 있다면, 그것은 가냘픈 체구와 평평하지 않은 어깨 정도일 가능성이 크다.' 1977년 필립 로데스Philip Rhodes는 『리처드 3세의 신체적 결함The Physical Deformity of Richard III』이란 연구 논문에서, 리처드가 평범하지 않게 솟아오른 어깨에도 불구하고 정상으로 보였다고 주장한다. '아마 왜소한 체형 때문에 리처드는 강렬한 운동, 특히 검술에 몰두했을 것이다. 그 결과 오른쪽 어깨 근육이 과도하게 발달했거나, 약한 정도의 스프렝겔 변형Sprengel's deformity(유전적으로 솟아오른 견갑골)이 있었을 가능성이 있다.'

『영국 역사 사전A Dictionary of British History』은 리처드의 출생에 대한 묘사나 곱사등에 대한 소문은 그의 악덕을 나타내기 위한 장치였을 것이라 주장한다. 이 주장은 어느 정도 신빙성이 있다. 『탑 속의 왕자The Princes in the Tower』를 쓴 앨리슨 웨어Alison Weir는 영국 왕실의 꼽추 초상화가 조작된 것이라고 주장하고 있다. 그리고 과학 기술 역시 이를 증명하고 있다. 1950년대와 1973년에 초상화를 X선으로 촬영한 결과, 오른쪽 어깨가 원래 그려졌던 어깨 위쪽으로 후대에 덧칠되었고, 눈 모양도 더 작게 고쳐졌음이 확인된 것이다. 그리고 빼도 박도 못할 더 확실한 증거가 나타났다. 2012년 영국 중부 레스터에서 리처드 3세의 유해가 발굴된 것이다. 의학전문지 랜싯 온라인판에 발표된 분석 결과는, 그가 척추측만증을 앓았을 수는 있지만, 셰익스피어 희곡 작품에 묘사된 대로 깡마른 팔에 절뚝거리는 곱사등을 가진 꼽추는 결코 아니었다고 확인해준다.

리처드 3세의 뒤를 이은 것은, 그의 후손이 아니라 헨리 튜더 Henry Tudor가 출신이었다. 그는 리처드의 왕좌를 탈취해 헨리 7세Henry VII가 되었다. 왕위 찬탈 후, 모어나 루스 같은 튜더가에 충성하는 개들이 리처드 3세를 헐뜯기 위해 혈안이 됐을 것은 그리 놀랍지도 않은 일이다. 『브리태니커 백과사전』은 이렇게 적고 있다.

'현대의 학자들은 리처드 3세가 유능한 군주였을 가능성이 크고, 그의 사악함에 대한 평판은 16세기 정치적 선동에서 기원했다고 보는 경향이 있다.'

•••헨리 8세는 여섯 명의 부인을 두었다?

헨리 8세는 그가 통치하는 기간(1509~47) 동안 맞아들이는 왕비마다 하나같이 맘에 들어 하지 않았다. 이것은 보통 문제가 아니었다. 그는 선량한 가톨릭 신자이고,  로마 가톨릭 교회는 이혼이란 불경한 처사를 인정하지 않았기 때문이다. 그가 어떻게 불만족스런 결혼의 굴레에서 벗어날 수 있었을까? 해결책은 바로 '무효 선언'이었다.

『옥스퍼드 영국 역사 안내서』에 따르면, 헨리 8세는 기술적으로 전혀 이혼하지 않았다. 아라곤의 캐서린Catherine of Aragon, 앤 볼린, 클레브스의 앤Anne of Cleves과의 결혼은 무효가 됐을 뿐이다. 『결혼이란 족쇄 해소하기Dissolving Wedlock』란 책에서 콜린 깁슨Colin S. Gibson 역시, 헨리 8세가 이혼한 적이 없다고 확인해준다. 무효 선언은 이혼보다 더 '유효한 것'으로 간주되는 이점도 갖고 있었다. 『매듭 풀기Untying the Knot』란 책에서 로더릭 필립스Roderick Phillips는, 헨리 8세가 무효 선언을 고집했던 것을 보면 사람들이 생각하는 것보다 훨씬 결혼 문제에 까다로웠던 것으로 보인다고 지적한다. 헨리 8세는 공식적으로 이혼한 적이 없고, 단지 두 차례의 사별(死別)만 있었을 뿐이었다.

헨리 8세의 첫 왕비인 아라곤의 캐서린은, 형인 아서Arthur와 결혼했다가 아서가 죽는 바람에 열일곱에 과부가 됐던 여인이다. 헨리 8세는 캐서린과의 사이에 6명의 자녀(아들 2명 포함)를 두었지만, 오직 메리Mary만이 유년기를 넘기고 살아남았다.『콜린스 영국 역사 사전Collins Dictionary of British History』에 따르면 헨리 8세가 이런 이유를 들어 캐서린과의 20년 결혼 생활을 무효로 해달라고 당시 교황 클레멘트 7세Pope Clement VII에게 요구했다고한다. 하지만 이런 요구는 받아들여지지 않았다.『튜더 왕가의잉글랜드Tudor England』는 헨리 8세가 형의 아내와 근친상간을 했다는 느낌을 강하게 갖고 있어서, 급기야 교황의 동의를 받지 않고 결혼 무효 선언을 하기에 이르렀다는 주장을 펼치고 있다. 이는 로마 가톨릭 교회와 단절되는 단초를 제공했다. 헨리 8세는잉글랜드 교회를 만들고, 자신이 그 교회의 수장이 되었다. 가톨릭과의 험난한 대립이 시작된 것이다.

헨리 8세가 혈기왕성했지만 안하무인이어서 사람들에게 인기가 없었던 앤 불린Anne Boleyn과 결혼한 지 얼마 되지 않았을 때의 일이다. 헨리 8세의 참모들은 이전에 앤이 다른 남자와 약혼힌 적이 있있나는 사실을 발견했고 1536년 결혼은 무효

화 되었다. 거기다 완전히 한술 더 떠서, 헨리 8세는 앤이 자신과 법적으로 결혼하지도 않았던 시절에 간통을 저질렀다는 근거 없는 주장을 하며 앤의 목을 잘랐다.

헨리 8세는 곧바로 제인 시모어Jane Seymour와 결혼했다. 제인은 왕의 총애를 받고 있을 때 왕의 곁을 떠나는 기지를 발휘했다. 헨리 8세가 고대해 마지않던 아들을 낳은 지, 열이틀 만에 세상을 떠난 것이다. 이 아이가 헨리 8세가 얻은 유일한 아들이며, 나중에 에드워드 6세Edward VI로 왕위에 오른다. 헨리 8세의 네 번째 결혼, 즉 클레브스의 앤Anne of Cleves과의 불길한 결혼 역시 무효화 되었다. 오늘날의 관점으로 보자면, 이 무효 선언은 어느 정도 정당성이 인정될 수 있는 유일한 것이었다. 앤의 외모가 왕을 발기불능 상태로 만들 정도였기 때문이다. 성관계가 없다는 것은 오늘날에도 결혼을 무효화할 수 있는 근거가 된다.

클레브스의 앤과의 결혼이 무효화 된 지 19일이 지나자, 헨리 8세는 발기 능력을 되찾은 것처럼 보였다. 앤과의 결혼식에서 대표 들러리 역할을 했던 열여덟 살 처녀, 캐서린 하워드Catherine Howard와 결혼했기 때문이다. 하지만 결혼한 지 2년도 채 되지 않아 캐서린은 간통을 저질렀다는 반역죄로 기소되었다. 캐서린 역시 헨리 8세와의 결혼 이전에 약혼한 적이 있었지만, 그런 적이 없다고 잡아뗀 것이다. 헨리 8세는 결혼을 무효화하고, 반역죄의 근거도 없이 캐서린의 목을 벨 수밖에 없었다.

영국 의회는 음탕한 여인이 왕과 결혼하는 것을 반역죄로 선언하는 법안을 통과시켰다. 1543년 헨리 8세가 31세의 캐서린 파Catherine Parr와 결혼하자 모두가 안도의 한숨을 쉬었다. 왜냐면 캐서린 파는 두 번이나 과부가 됐었기 때문에, 이성적으로 처녀이길 기대할 수 없었기 때문이었다. 실제로 캐서린은 56세에 사망한 헨리 8세보다 오래 살았고, 세 번째로 과부가 되었다. 그녀는 얼마 있다가 제인 시모어의 오빠(*에드워드 6세의 외삼촌-옮긴이)와 네 번째 결혼을 했다.

여기 헨리 8세 아내들의 운명을 외우기 쉽게 고안된 문장이 있다. 바로 '이목사이목살'이다. 즉 '이혼 당하고, 목이 잘리고, 사망하고, 이혼 당하고, 목이 잘리고, 살아남다'를 뜻한다. 그러나 보다 정확하게는 '무목사무목살'이 되어야 할 것이다. '무효화되고, 목이 잘리고(무효화되고), 사망하고, 무효화되고, 목이 잘리고, 살아남다'의 의미이다.

'이혼'과 '혼인 무효'의 구분은 아주 중요하다. 헨리 8세의 이혼 거부는 이후 300년 간 영국 신민들의 모범이 됐기 때문이다. 18세기에 들어서면서 제한된 형태의 이혼이 성립되었지만, 이혼 관련법이 잉글랜드에서 통과된 것은 1800년대 중반이나 되어서였다고 한다.

•••소년 왕 에드워드 6세는 태어날 때부터 병약했다?

헨리 8세의 유일한 적자인 에드워드 6세는 1547년 겨우 아홉 살의 나이로 왕위에 올랐다. 그는 6년 동안 왕위에 있다가 결핵으로 의심되는 병으로 사망했다고 한다. 에드워드 6세는 병약한 것으로 유명하지만 『존 더들리John Dudley』의 저자 로데스D. M. Loades에 따르면, 그는 로맨틱한 상상 속의 창백하고 병약한 아이가 아니었으며 지극히 건강하고 정상적인 소년이었다고 주장한다.

　신생아의 건강을 판단하는 것은 어려운 일이지만 『헨리 8세의 6명의 아내들The Six Wives of Henry VIII』이란 책에서 안토니아 프레이저Antonia Fraser는, 대법관 토머스 크롬웰Thomas Cromwell이 프랑스 대사에게 한 말을 근거로 에드워드 6세가 어린 시절 건강했다고 주장한다. '왕자님의 건강이 좋으며, 힘껏 젖을 빨고 계십니다.' 『튜더가The Tudors』의 저자 크리스토퍼 모리스Christopher Morris 역시 비슷한 주장을 하고 있다. '에드워드 왕자는 약하지 않았다. 마지막 병(그 병은 일곱 달을 끌었다)에 걸리기 전까지는 강건함을 잃지 않았다.' 한스 홀베인Hans Holbein이 그린 아기 에드워드의 초상화 역시 엄청나게 토실토실한 모습이다. 물론 반대의 증언도 있다. 『마지막 튜더가의 왕The Last Tudor King』을 쓴 헤스터 채프먼Hester Chapman은 에드워드 왕자가 건강하지 않은 데다 과식을 하기 때문에 오래 살지 못할 것이라는 프랑스 대사의 말을 전하고 있다.

에드워드 6세가 네 살 때, 햄프턴 코트Hampton Court에서 말라리아에 걸렸다고 한다. 의사들은 왕이 건강을 타고났기 때문에 병을 이길 것이라고 말했고, 에드워드 6세는 말 그대로 말라리아에서 완치됐다. 그로부터 1년 후 프랑스 대사는 '다섯 살배기 에드워드 왕자가 잘생겼고, 강인하며, 같은 또래 아이들에 비해 엄청나게 큰 몸집이었다'고 전한다. 『영국 인명사전』에 등재된 글을 보면, 에드워드 왕자는 검술과 마상 창술 겨루기를 연습했고, 축성술과 전술 연구에 몰입한 채 말을 타고 오랜 시간을 달렸다고 한다. 카타린 맥도노프Katharine MacDonogh는 『고양이와 개 통치하기Reigning Cats and Dogs』에서 화가 난 에드워드가 살아 있는 매를 네 조각으로 찢어버렸다는 일화를 소개한다. 에드워드 6세가 허약하거나 병으로 골골대는 것과는 거리가 멀었음을 시사하는 대목이다.

호시탐탐 왕위를 노리던 에드워드 6세의 배다른 누이 메리(*에드워드 6세 사후, 왕위에 오른 메리 여왕. 개신교도들을 가혹하게 탄압해 피 비린내 나는 메리bloody Mary라 불린다-옮긴이)와 친했던 프랑스 대사가 한 말이 루머의 시작이었을 수 있다. 채프먼에 따르면, 에드워드 왕자가 태어난 지 한 달이 되었을 때, 프랑스 대사는 환호하며 에드워드 왕자가 죽었다는 소식을 본국에 써 보냈다고 한다. 2년 후에는 에드워드 왕자가 가벼운 병을 앓고 있다고 적었고, 3년 후에는 에드워드 왕자가 병약한 체질이라고 적고 있다. 이후엔 왕자가 오래 살지 못할 것이란 소식이 프랑스로 보내졌다. 하지만 채프먼에 따르면, 에드워드 6세가 한바탕 말라리아를 앓고 난 후에는 1552년 4월까지 단 하루도 병에 걸린 적이 없다. 1552년 4월, 에드워드 6세는 홍역 및 천연두와 비슷한 병에 걸렸고, 그해 크리스마스가 되자 결핵의 초기 증세로 발전했다.

1553년 에드워드 6세는 거칠고, 강하고, 끈질긴 기침을 하게 됐고, 기침할 때 나오는 가래에선 말할 수 없이 역겨운 냄새가 났다고 한다. 1553년 7월 에드워드 6세는 열여섯 살의 나이로 세상을 떠났고, 그로 인해 메리 여왕의 가톨릭 부활의 길이 열렸다.

10.

뒤죽박죽
군대 이야기

••• '양키 두들'은 미국 독립전쟁에서 시작되었다?

미국의 애국심을 상징하는 노래 '양키 두들Yankee Doodle'은 미국 독립전쟁 이전인 1775년까지 거슬러 올라간다. 『옥스퍼드 미국 군대 핵심 사전Oxford Essential Dictionary of the US Military』은 그 노래를 영국인들이 시작한 것이며, 당시의 민요 혹은 행진곡 풍이었을 것이라 기록하고 있다.

『콘사이스 옥스퍼드 음악 사전』은 이 노래가 실린 책이 1775년 경 영국 글래스고우Glasgow에서 출간됐다고 주장한다. 한편 『미국 군대 사전』은 1750년대에 벌어진 7년 전쟁 중에 작곡됐다고 밝히고 있다. 영국군과 식민지 민병대가 프랑스의 아메리카 지배를 막기 위해 함께 싸운 전쟁이 7년 전쟁이다. 이 노래의 정확한 기원은 불확실한 채로 남아 있지만, 『옥스퍼드 미국 군대 핵심 사전』은 1755년에 슈크버그 박사Dr Shuckburgh가 작곡했다는 기록을 남겨 놓고 있다. 『옥스퍼드 미국 문학 안내서』도 이 주장에 동

조한다. 『옥스퍼드 미국 군대 핵심 사전』은 이 노래가 원래는 식민지 민병대를 조롱하기 위해 영국 병사들이 부르던 노래였다고 한다.

그렇다면 '양키 두들'이란 말은 어디서 유래했을까? 일단 '양키'의 어원부터 살펴보자. 『옥스퍼드 미국 군대 핵심 사전』은 가장 그럴듯한 해석을 수록하고 있다. '양키'는 네덜란드어 '얀케Janke'로부터 나왔으며 얀Jan(영어의 존)의 줄임말이며, 뉴잉글랜드 주 내에 사는 네덜란드인이나 잉글랜드인이 미국인을 조롱하기 위해 사용했다는 것이다.

다음은 '두들Doodle'에 대해 알아볼 차례다. 『옥스퍼드 미국 군대 핵심 사전』은 '두들'이 17세기에 생겨난 말로 '어리석거나 미련한 친구'를 뜻하는 영어 단어라고 밝히고 있다. 양키 두들 노랫말 중에 '모자에 깃털 하나 꽂고는 그걸 마카로니라 부르지'라는 것이 꽤나 논란을 불러일으켰다. 마카로니는 속이 뚫린 원통형 파스타로 도대체 깃털과는 닮은 구석이 전혀 없기 때문이다.『옥스퍼드 미국 군대 핵심 사전』은 그 가사 속의 마카로니가 18세기 '런던 마카로니 클럽London Macaroni Club'이라고 설명한다. '런던 마카로니 클럽'은 마카로니가 이국적인 별미였던 시절, 외국 요리를 좋아하는 클럽 멤버들의 취향을 나타내기 위해 지어진 이름이다. 클럽 멤버들은 유럽에 가서 흥청망청 돈을 쓰면서 대륙의 취향과 패션을 흉내 내는 것을 즐겼던 젊은 남자들을 대표한다. 한마디로 영국군 입장에서 함께 싸우는 식민지 출신 민병대 동료들이 기대만큼 멋지지는 않다고 조롱했던 것이다. 병사들의 유머 치고는 꽤나 부드러운 조롱이었던 셈이다.

그로부터 12년 후, 독립전쟁이 시작됐다. 영국군으로부터 조롱의 노래를 들었던 식민지 민병대들이 영국군과 싸우게 된 것이다. 미국의 윌리엄 고든William Gordon 신부는, 자신의 1788년 작품『합중국 독립의 흥기, 진전, 확립의 역사The History of the Rise, Progress, and Establishment, of the Independence of the United States』제1권에서 이렇게 말한다. '렉싱턴 전투가 시작되기 전, 퍼시 경Lord Percy 위하의 영국군은 식민지 민병대를 자극할 목적으로 양키 두들을

연주하며 행진해 나왔다. 그 노래는 뉴잉글랜드 출신 사람들을 경멸하는 의미를 담고 있었다.'

전황이 식민지군에게 유리하게 바뀌자, 식민지 민병대는 영국군 앞에서 그 노래를 부름으로써 이전의 조롱을 되갚았다. 『옥스퍼드 미국 군대 핵심 사전』은 펜실베이니아 이브닝 포스트 Pennsylvania Evening Post의 1775년 보도를 인용하고 있다. '영국 장군 게이지Gage 휘하 병력들은 크게 사기가 꺾였다. 더 이상은 양키 두들에 맞춰 춤추지 않을 것 같았다.' 그 후 아메리카 사람들은 온 마음으로 그 노래를 받아들여, 자신의 것으로 만들었다.

•••나치의 스와스티카는 악운을 나타내는 상징이다?

나치를 상징하는 문양은 스와스티카swastika다. 이 문양은 4개의 팔 모두가 직각으로 구부러져 시계 방향으로 돌아가는 십자가 형상을 하고 있다. 『옥스퍼드 세계사 사전』의 설명에 따르면, 스와스티카는 행복하게 해준다는 의미를 가진 산스크리트어 스바스티카svastika에서 유래된 말이다. 왼팔 스와스티카, 혹은 반시계 방향 스와스티카는, 특별히 사우바스티카sauvastika라고 불리는데 때때로 악

운과 연결된다. 스와스티카는 로마의 모이크에서도 발견되고, 프랑스의 13세기 건축인 아미엥 대성당Amiens Cathedral의 바닥 디자인에서도 발견된다. 작가 러디어드 키플링Rudyard Kipling은 이 상징을 『시 1889-1896Verses 1889-1896』란 작품에 포함시키고 있다. 1908년 캐나다의 북부 온타리오 주 광산 주변에서 발견된 작은 마을의 이름이 스와스티카였다(그리고 2013년 현재 아직도 그 이름을 유지하고 있다). 『콘사이스 유대 종교 안내서A Concise Companion to the Jewish Religion』에서 루이 야콥스Louis Jacobs는 '스와스티카가 장식용으로 한정되긴 했지만 유대인에 의해서도 사용됐다는 사실을 보여준다'고 밝혔다. 1900년대에는 많은 민족들이 스와스티카를 행운의 상징이라 여겼다.

『브리태니커 백과사전』은 나치 독일에서 스와스티카가 국가의 상징이 됐다고 서술하고 있다. 한편 『옥스퍼드 2차 세계대전 안내서』는 스와스티카는 부당하게도 튜턴 족(게르만 족)에서 기원하는 것으로 간주됐다고 지적한다.

1927년 정치적 선언 『나의 투쟁Mein Kampf』(당시의 정당 비평가들로부터 '나의 경련Mein Krampf'이란 야유를 받았다)에서 아돌프 히틀러는 어떻게 스와스티카 디자인을 선택하게 됐는지를 설명하는 데 여러 단락을 할애하고 있다. 히틀러는 다음과 같이 털어놓는다. '나는 내 자신이 선택한 디자인을 대중에게 공개하기 않았다. 누군가가 내 것보다 더 낫지는 않더라도 비슷한 정도의 디자인을 갖고 올 수 있다고 생각했기 때문이다.' 히틀러는 자신이 '수없이 많은 세안을 기각했고, 그 가운데는 스와스티카를 포함시킨 것들도 많았다'고 말한다. 히틀러는 스탄버그 Starnberg에서 온 치과 의사 한 명이 자신의 것과 아주 유사한 훌륭한 다자인을 제시했다고 전한다. 그것은 하얀색 배경에 놓여 있었다고 한다. 결국 최종의 붉은 색 깃발은 '검은색 스와스티카를 한가운데 배치한 하얀색 원반 모양'을 갖게 되었다. 히틀러는 자신이 나치당의 상징을 디자인했다는 사실을 완곡히 덧붙인다. 물론 그 말은 진실이다.

히틀러가 스와스티카보다 악운을 상징할 수 있는 사우바스티카를 더 좋아했다는 믿음은, 스와스티카의 '왼팔'과 '오른팔'의 정의를 혼동한 데서 시작된다. 모든 전문가들이 오른팔 스와스티카가 행운을 상징한다는 것에 동의한다. 브리태니카 백과사전을 포함해서 대다수가 오른팔 스와스티카는 그 다리가 오른쪽을 가리킨다고 한다. 하지만 일부 소수(예를 들어 루디거 달케Rudiger Dahlke의 화집 '세계의 만달라Mandalas of the World')는 사람들이 오른팔 스와스티카라고 믿는 것이 사실은 왼팔 스와스티카라고 기술하고 있다. 만약 이것이 제트 추진되는 것이라면(그 다리들로부터 불꽃이 방출되는 것을 상상해야 한다) 그것은 분명 왼쪽으로 회전한다는 것이다.

큰 틀에서 보자면 이런 논쟁이 우스울 수도 있다. 히틀러가 깃발의 상징을 거꾸로 채택했을 가능성 말고도, 그의 결점을 드러내는 더 심한 사례들이 아주 많으니까.

•••기마 조각상의 발굽이 기수의 운명을 알려준다?

기마 조각상에 대한 오래된 전설이 있다. 말이 네 발굽 모두를 땅에 붙이고 있으면, 그 말에 타고 있는 기수는 전투에서 부상 없이 살아남았다는 것이다. 말이 두 발굽을 땅에 붙이고 있으면 기수는 전장에서 죽었고, 말이 세 개의 발굽을 딛고 있다면 기수는 전투에서 부상을 당했고 그 부상으로 인해 결국 죽게 된다. 기마 조각상의 주인공이 어떻게 죽었는지를 풀어낼 수 있다는 이른바 '발굽 암호'는 특히나 초딩들에게 인기가 많다.

1869년 토머스 소니크로프트Thomas Thornycroft가 영국 리버풀에 세운 빅토리아 여왕의 기마상은 발굽 하나만을 들고 있다. 그러나 빅토리아 여왕은 전투에서 부상당한 적이 전혀 없다. 소위 암호의 주장은 오랫동안 군에 종사했던 사람들의 조각상을 연구해 보기만 해도 근거 없다는 것이 바로 판명된다. 우선 웰링턴 공작을 보자.

글래스고우Glasgow에 있는 웰링턴 공작의 조각상(전통적인 원뿔형 투구를 쓰고 있다)은 말이 네 발굽 모두를 단단하게 땅에 붙이고 있다. 올더숏Aldershot에 있는 웰링턴 공작의 두 번째 기마상 역시 네 발굽을 모두 땅에 붙이고 있다. 지금까지는 좋다. 웰링턴 공작이 83세의 나이로 침대 위에서 세상을 떠났기 때문이다. 하시만 에든버러Edinburgh의 프린세스 스트리트에 있는 존 스틸 경Sir John

Steel의 웰링턴 공작 청동상은 말이 두 발굽을 허공에 쳐들고 있다. 암호대로라면 웰링턴 공작이 전투에서 죽었어야 하는데, 사실은 그렇지가 않다.

조지 워싱턴의 기마상에도 이런 암호가 통할까? 뉴욕 브루클린의 밸리 포지Valley Forge에 있는 조지 워싱턴의 기마상에서, 말은 네 발굽을 모두 땅에 붙이고 있다. 그가 평화롭게 침상에서 세상을 떠났으리라는 이론은 사실에 들어맞는다. 하지만 조지 워싱턴의 조각상이 그곳에만 있는 것은 아니다. 맨해튼의 유니온 스퀘어 파크Union Square Park, 워싱턴 DC의 워싱턴 서클Washington Circle, 버지니아 주 리치몬드의 캐피틀 그라운즈Capitol Grounds, 매사추세츠 주 보스턴 퍼블릭

가든Boston Public Garden, 그리고 프랑스 파리의 플라세 디에나Place d'Iéna에 있는 기마상들은 하나같이 발굽 하나를 허공에 쳐들고 있다. 전투에서 부상을 당해 나중에 그 상처 때문에 사망해야 하지만, 앞에서 밝혔듯이 사실은 그렇지 않다.

이 같은 암호들이 게티스

버그 전투의 기념 조각상에 적용된다고 주장하는 사람들도 있다. 하지만 이것 역시 사실이 아니다. 게티스버그 국립공원에 있는 제임스 롱스트리트James Longstreet란 사람의 기마상은 분명 말이 한 발굽을 높이 쳐들고 있지만, 그는 남북전쟁에서 살아남았고, 정치가로 지내다가 83세에 사망했다.

기마상의 말이 취하고 있는 자세로 말을 탄 주인공의 운명을 논한다는 것은 사실 어이없는 일이다. 그런 암호가 있을 거라 믿는 사람이 있다는 것이 더 어이없긴 하지만……

•••미국 시민들은 무기를 휴대할 권리를 갖고 있다?

총기 휴대는 사실 그렇게 간단한 문제가 아니다. 『옥스퍼드 미국 전사 안내서』에서 찰스 던랩 주니어Charles J. Dunlap Jr는, 대부분의 미국인들이 미국 헌법이 개인의 총기 휴대 권리를 보장하고 있다고 믿는다고 기술하고 있다. 하지만 『옥스퍼드 미국 정부 안내서』는 미국 수정헌법 제2조가 말하려던 것은 그게 아니었다고 지적한다. 자유 주free State의 안보를 위해서는 잘 통제된 군사력이 필요하고, 그 군사력은 침해 받을 수 없다는 의미라는 것이다. 다시 정리해보자. 자유 주는 방어를 위해 군대가 필요하므로 자유 주의 시민들은 총기를 소유할 권리를 가져야 하고, 그래야 그들이 방위군에 편입될 필요가 있을 때에 대비할 수 있다는 논리다. 이런 논리는 미국 독립전쟁까지 거슬러 올라간다. 식민지 민병대 혹은 미니트맨들minutemen은 영국의 붉은 외투를 격퇴하기 위해 몇 분 내에 준비 태세를 갖춰야 했다. 1774년 펜실베이니아 가제트Pennsylvania Gazette는 '미니트맨 각자가 효과적인 총기, 총검, 가죽 탄대, 배낭, 30발들이 탄창 및 탄약을 즉각 갖춰야 했다'고 설명한다.

법령의 문안은 선명치가 않다. 문자 그대로 사람들이 무기를 보유하고 휴대할 수 있는 권리가 침해돼서는 안 된다는 것인지, 아니면 준비 태세를 늘 갖추고 있어야 한다는 마음가짐을 설명한 것인지……. 당연히 결정적인 답은 없다.

우빌러와 메르켈Uviller and Merkel은 수정헌법 제2조가 이미 확립돼 있던 법을 새로운 헌법 하에서 재확인한 것에 불과하다고 말한다. 『옥스퍼드 미국 정부 안내서』에 소개된 뉴저지 주 대법원의 입장은 이렇다. '수정헌법 제2조가 중요하게 생각하는 것은 개인의 권리가 아니라 실효성 있고 조직화된 민병대를 유지하는 것이다.' 1886년의 프레서 대 일리노이 주Presser vs. Illinois 사건에 대해서도, 법원은 수정헌법이 오직 연방정부에만 적용된다고 판결했다. 하지만 법무장관을 위한 법률적 의견Memorandum Opinion은, 수정헌법 제2조가 개인의 권리를 보장하는 것인지에 대한 질문에 대해, 개인이 무기를 보유하고 휴대할 권리가 보장된다고 결론 내렸다. 그러나 그 문서는 다음과 같이 덧붙이는 것을 잊지 않았다. '수정 헌법에 의해 누구의 권리가 보장되느냐는 문제는 현행 판례법상 결론이 나지 않은 상태이고 해결되지 않은 문제이다. 현행 법률에 있어, 주 정부의 총기 규제 관련 법률은 수정 헌법 제2조에 의해 금지 당하지 않는다.'

총기 소유와 휴대에 관련된 미국 시민의 권리가 미래에 더욱 축소될지는 지켜볼 문제다.

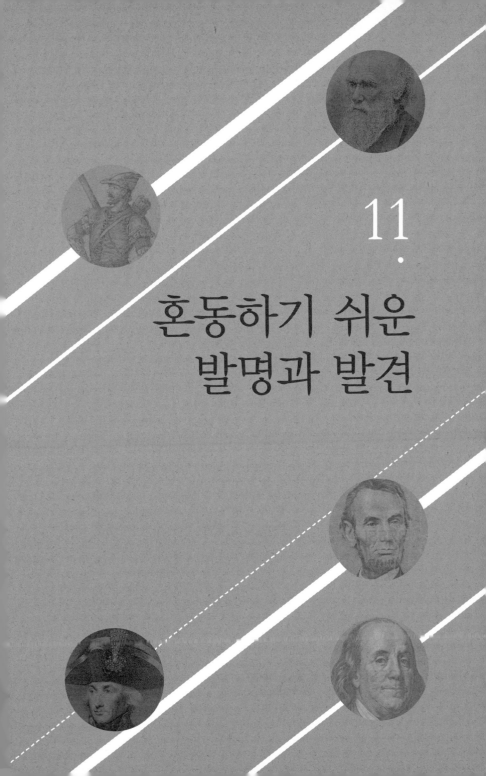

11.

혼동하기 쉬운
발명과 발견

●●●후버가 진공청소기를 발명했다?

세계 최초의 진공청소기는 작은 우유 배달용 차만 했다.『최초의
책The Book of Firsts』에서 이언 해리슨Ian Harrison은 그것을 말이 끄
는 수레 위에 올려놓아야 했기에 아주 성가신 물건이었다고 밝
히고 있다. 1901년 잉글랜드인 토목기사 휴버트 세실 부스Hubert
Cecil Booth가 발명한 이 물건은, 200미터에 달하는 호스가 집안의
먼지를 빨아내는 동안 가족들은 길거리에 나가 있어야 했다. 그
러나 이런 청소의 혁신이 모든 사람들로부터 환영받은 것은 아
니었다. 부스는 자신의 논문 '진공청소기의 기원'에서, 경찰이 자
신이 발명한 기계가 공중의 통행로에서 작업할 권리가 없음을
선언했다고 언급하고 있다. 이 불행한 발명가는 마차를 끄는 말
이 놀라 일으킨 사고로 인해 자주 소송을 당했다. 게다가 그 기계
의 가격은 350파운드나 돼서, 웬만한 사람들은 엄두도 낼 수 없
었다. 기계가 계단이나 창고에 들어가지 않을 정도로 크다는 것

은 문제도 아니었다.

부스가 진공청소기에 대한 아이디어를 얻은 것은 미국산 청소기의 시연을 보던 중이었다고 한다. 그는 그 사건이 '제국 음악당 Empire Music Hall'에서 일어난 일이라고 기억한다. 시연 중인 기구는 압축 공기를 이용해 카펫 속으로 바람을 불어넣고, 상자 속에 먼지를 몰아넣는 방식으로 작동되고 있었다. 부스는 발명가에게 왜 먼지를 '빨아내는' 방식을 쓰지 않느냐고 질문했다. 그의 질문에 약간 열 받은 발명가는 '먼지를 빨아들이는 일은 불가능하며 여러 차례 시도했지만 성공하지 못했다'고 대꾸했다고 한다.

부스는 곧바로 이 문제의 숙고에 들어갔고, 얼마 후 빅토리아 거리Victoria Street에 있는 한 식당에서, 플러시 천으로 된 의자의 등에 입을 대고 빨아들이는 실험을 시도했다. 실험의 결론은 이랬다. '나는 거의 질식할 뻔했다. 그리고 유레카!', 뭐 이런 식이었다.

부스의 진공청소기는 런던의 하이드파크에 있는 크리스털 팰리스Crystal Palace의 춘계 대청소에 사용됐다. 그때 크리스털 팰리스에는 왕립 해군에 자원입대한 지원병들이 주둔하고 있었는데, 무려 26톤의 먼지가 순식간에 제거됐다. 부스는 병사들의 위생이 단번에 향상됐다는 칭송을 들었다. 여기에 고무된 부스는, 트롤리-백Trolley-Vac(수레형 진공 청소기)이란 이름의 새로운 장치를 고안했다. 이 새로운 진공청소기는 1906년부터 35기니(*1기니는 1.05 파운드-옮긴이)에 판매되기 시작했지만, 그 시대의 평균적인 가구 소득으로는 여전히 비싼 가격이었다.

다음해인 1907년 미국에서는 건물 관리인이자 천식 환자였던 제임스 머레이 스팽글러James Murray Spangler가, 『기술의 역사 History of Technology』란 책에서 '카펫 청소기'라고 묘사된 기계에 대해 특허를 획득했다. 스팽글러는 단순히 빗자루 손잡이, 회전하는 솔, 베개 주머니를 하나로 결합했을 뿐이다. 하지만 스팽글러 청소기의 특이점은 소형 전기 모터를 달았다는 것이다. 그는 이 장치를 사촌인 수전 트래블 후버Susan Travel Hoover에게 보여주었다. 이안 해리슨의 설명에 따르면, 마구 제조상인 수전의 남편 윌리엄 후버William H. Hoover가 가능성을 알아보고 곧바로 그 권리를 샀다고 한다.

『미국 사업가 인명사전The Biographical Dictionary of American Business Leaders』 제2권에서, 힝검N. Hingham은 다음과 같이 설명하고 있다. '후버는 「새터데이 이브닝 포스트Saturday Evening Post」에 "이 작은 기계가 방 한 개 당 1페니도 안 되는 가격에 모든 먼지와 오물을 빨아들일 것입니다"라는 2단짜리 광고를 냈다. 후버의 작은 기계는 대박을 터뜨렸고, 1926년 먼지떨이 막대기beater bar를 추가

함으로써 발명품의 성능을 더욱 향상시켰다.' 브루어가 쓴『현대
명구 우화 사전』에 의하면, 그의 이름 후버는 1927년 회사에 의
해 특허로 보호받게 됐고, 영어 단어 중의 하나가 되었다고 한다
(*hoover는 진공청소기, 혹은 진공청소기로 청소하다란 의미-옮긴이).

　제임스 머레이 스팽글러보다는 윌리엄 후버가 진공청소기 분
야를 개척했다고 하는 것이 맞는 말일 것이다. '나는 그저 거실을
한 바퀴 돌아 스팽글러에게 갔을 뿐'이란 후버의 말은 명백히 앞
뒤가 맞지 않는다.

•••피타고라스의 정리는 피타고라스가 발견했다?

모든 아이들이 외우고 있는 주문이 있다. '직각삼각형의 빗변의
제곱은 다른 두 변의 제곱의 합이다'란 것이다. 수학에서 피타고
라스의 정리는 '$c^2 = a^2 + b^2$'이란 식으로 표현된다. 피타고라스의
정리를『오즈의 마법사』에 나오는 양철 나무꾼에게 배우려 하지
말기를 바란다. 양철 나무꾼은 학위를 받는 자리에서 '이등변삼
각형의 빗변의 제곱은 나머지 두 변의 제곱을 합한 것과 같다'라
고 말한다. 물론 이등변삼각형에서도 성립하는 경우가 있긴 하
지만, 피타고라스의 정리에서 가장 중요한 것은 직각삼각형일
때 이 공식이 성립한다는 것이다.

이 유명한 정리는 기원전 6세
기의 그리스 철학자이자 수학
자인 피타고라스가 발견한 것
이라 알려져 있지만, 사실은 피
타고라스의 가르침과 그 제자
들의 가르침을 구분하기는 곤
란하다. 피타고라스의 저서라
고 후대에 전해진 것이 없기 때
문이다. 게다가 그의 제자들(피

타고라스학파)은 자기 스승의 권위를 이용하려고 자신들의 발견을
모두 스승에게 갖다 붙이는 습성이 있었다.『옥스퍼드 고전 사전
Oxford Classical Dictionary』에서 프리츠 그래프Fritz Graf는 이렇게 단
언한다. '기록이 남아 있지 않은 상태에서 수학, 음악, 천문학에
대한 피타고라스학파의 전통 중 얼마나 많은 것이 창시자까지
거슬러 올라갈 수 있는지를 말하기란 불가능하다.'

기원전 1세기, 로마의 건축 기술자인 마르쿠스 비트루비우스
폴리오Marcus Vitruvius Pollio가 처음으로 피타고라스의 이름을 그
정리에 연결시켰지만, 비트루비우스 본인도 자신의 주장에 대한
근거를 제시하진 못했다.『천상 측정하기Measuring Heaven』에서 크
리스챤 주스트-고기어Christiane L. Joost Gaugier는, 비트루비우스가
구전을 기록한 것에 불과하다고 주장한다.

1세기의 그리스 전기 작가 플루타르크는, 수학자 아폴로도투스가 자신의 작품 『도덕Moralia』에서 한 말을 인용하고 있다. '피타고라스가 그 유명한 선을 발명했을 때, 그는 근사한 수소를 잡아 제물로 바쳤다.' 하지만 플루타르크 역시 이 이야기가 앞서 얘기한 삼각형의 정리와 관련이 있는지, 혹은 '원뿔의 포물선 단면의 면적'에 관한 것인지는 확신하지 못했다. 그는 자신의 에세이 『살코기 먹기The Eating of Flesh』에서, 피타고라스는 환생을 믿었던 만큼 채식주의자였고 동물 도살에 반대했으므로 '수소 제물'의 일화는 아폴로도투스의 과장일 가능성이 크다고 주장한다.

　『기하학적 정수 이론Theory of Algebraic Integers』은 피타고라스의 정리가 몇 개의 다른 문화권 안에서 각자 독립적으로 발견됐다는 의견을 피력하고 있다. 기원전 1800년경 바빌로니아 사람들은 그와 같은 계산에 매혹 당했고, 그런 등식이 성립하는 15가지 사례를 점토판에 기록했다고 한다. 오늘날 그 점토판은 '플라임튼 322Plympton 322'로 불린다. 『브리태니커 백과사전』 역시 피타고라스 정리의 일부를 보여주는 기원전 1900~1600년경의 바빌로니아 점토판 4개를 수록하고 있다. 『피라미드』란 책을 쓴 이집트학 교수 미로슬라프 베르너Miroslav Verner는, 심지어 기원전 25세기 피라미드를 건설할 당시 이집트 사람들이 피타고라스의 정리를 알고 있었다고 주장한다. 물론 그런 이름으로 불리지는 않았겠지만 말이다.

기원이 어떠하든, 피타고라스의 정리는 개념을 간단히 표현하는 데 대단히 유용하다. 그리고 이를 증명할 때, 소를 잡을 필요도 없다.

•••몰로토프가 몰로토프 칵테일을 개발했다?

몰로토프 칵테일을 개발한 사람이 '몰로토프Molotov'로 알려진 소비에트 연방 외무장관 '뱌체슬라프 미하일로비치 스크리야빈'이란 전설은 완전히 잘못된 것이다. 그는 칵테일보다는 덜 유명한 '몰로토프 빵바구니breadbasket'의 개발자다. 잘못 읽은 게 아니다, 빵바구니가 맞다.

1939년 2차 세계대전이 발발하자, 스탈린Iosif Vissarionovich Stalin은 핀란드와 소련의 국경을 다시 정하기로 결정했다. 당연히 핀란드 사람들은 이 조치에 반발했고, 러시아-핀란드 전쟁으로 비화됐다. 기습을 당한 핀란드는 소련의 탱크에 맞서 싸울 장비가 없었지만, 스페인 내전 중 처음 사용됐던 휘발유 폭탄을 써서 이 상황을 타개하기 시작했다. 가정에서 만들어진 이 폭탄들은 휘발유가 담긴 병이었고, 병에 박아 넣은 긴 천은 도화선 역할을 했다. 브루어가 쓴 『현대 명구 및 우화 사건』은 '몰로토프 칵테일이 1940년 러시아의 침략에 맞선 핀란드 사람들에 의해 사용됐다'고 말한다. 시트린W. Citrine은 자신의 책 『핀란드 일지My Finnish Diary』에서 '핀란드 병사들이 소련 탱크를 공격할 때, 엉성하게 만들어진 자기네 수류탄을 사용했는데 그것을 "몰로토프 칵테일"이라고 불렀다'고 밝히고 있다. 『시조를 밝힌 새로운 사전A New Dictionary of Eponyms』은 이렇게 정리하고 있다. '핀란드 병사들은 폭발물에 몰로토프의 이름을 붙인 적이 없으며, 다만 몰로토프에 적대적인 사람들이 비꼬는 의미에서 '몰로토프에게 주는 칵테일'이라고 했던 것뿐이다.'

『탱크 잡기Tank Killing』의 저자인 이안 호그Ian Hogg는 그 얘기 안에 핀란드 사람들의 복수심이 담겨 있다고 말한다. 소련 측은 대형 폭탄 안에 소형 폭탄과 소이탄을 넣은 폭탄을 투하했다. 큰 폭탄이 투하되는 중 쪼개지면서 수십 개의 소이탄들이 쏟아져 나와 아래 있는 목표물을 때리는 방식이었다. 핀란드 사람들은 이를 '몰로토프의 빵바구니'라고 불렀다. 당시 소련 외무장관이던 몰로토프가 '굶주린 핀란드 인민들에게 빵을 공수하고 있다'고 기만책을 썼기 때문이다. 그럴 듯한 이름이다.

다행히도 핀란드 사람들에게, 몰로토프의 빵바구니는 효과가 없었다. 『2차 세계대전 때 나는 P-51 전투기 조종사였다I Was a P-51 Fighter Pilot in WWII』란 책에서 제임스 닐 화이트James Neel White는 이렇게 증언한다. '눈이 내려 불을 껐다. 폭탄들은 목표를 빗나갔다. 일부 폭탄은 그 안에 든 소형 폭탄을 제대로 쏟아내지도 못했다.' 시트린의 말에 따르면 핀란드 사람들은 '놀로토프 Nolotovs'가 나타나도 피하거나 숨으려고 하지 않았다. '놀로토프' 란 황당한 짓을 하는 바보란 핀란드 말 '놀로nolo'와 '몰로토프'를 합성한 말이다. 그러나 제임스 닐 화이트는, 몰로토프가 그런 폭탄 개발에 참여한 적이 없다고 밝히고 있다.

1953년 스탈린의 사망 후, 몰로토프, 정확하게는 뱌체슬라프 미하일로비치 스크리야빈은 권력 중심에서 밀려나 몽골리아 대사를 끝으로 생을 마쳤다.

•••°로버트 번센이 번센 버너를 발명했다?

번센 버너는 아마 대부분의 사람들이 과학 수업 시간에 처음 접했을 것이다. 이 작은 버너는 추가되는 공기의 양을 조절하는 보호관이 특징인데, 보호관sleeve 덕분에 더 센 불길을 만들 수 있다. 말하자면 가스레인지나 가스난로의 선배 격이었다. 『맥밀란 백과사전Macmillan Encyclopedia』에 따르면, 19세기 독일의 화학자인 로버트 버센 Robert Bunsen이 그 기구를 대중

화시킨 것은 맞지만, 그 버너를 발명한 것은 아니라고 한다.

최초의 실험·실용 가스버너는 잉글랜드 출신 물리학자이자 화학자인 마이클 패러데이Michael Faraday에 의해 개발됐다. 1827년에 쓴 책『화학적 조작Chemical Manipulations』에서 패러데이는 이렇게 열변을 토한다. '화학적 가스램프는 불과 몇 년 전까지 호기심의 대상이었지만 이제는 가치 있는 것이 되었다. 어떤 위치에서도 최고의 정밀성을 갖도록 조절할 수 있기 때문이다.' 당시 번센은 조절용 보호관이 부착되지 않은 장비를 사용했다고 한다.『현대 과학사 안내The Companion to the History of Modern Science』에서 로크 A. J. Rocke는 이렇게 밝히고 있다. '1854년 번센은 과학 기계공 피터 데사가Peter Desaga에게, 점화하기 전에 가스를 제어된 방식으로 혼합함으로써 온도가 아주 높고, 검댕이가 없으며, 반짝이지 않는 불꽃을 내는 버너를 만들어 달라고 요구했다. 데사가는 그런 요구 조건을 충족시키는 디자인을 개발했고, 50개의 버너를 제작했다.' 번센은 2년 후에 이 버너의 특징을 적은 글을 발표했고, 새로운 버너는 빠른 속도로 펴져나갔다. 데사가는 자신의 발명품에 특허를 내지 않음으로써, 사실상 이 중요한 발명품을 과학계에 기부한 것이다.

현대 과학이 발전하는 데 있어 번센 버너가 얼마나 가치 있는 공헌을 했는지 짐작하기 어렵다. 나는 화학 수업이 지루하게 느껴질 때마다 버너를 받치는 깔개를 뜯어서 씹곤 했는데, 나중에 알고 보니 그 깔개는 정제된 석면으로 만든 것이었다. 맙소사!

•••노벨이 니트로글리세린을 발명했다?

폭발물을 실험하는 것은 대단히 위험한 취미다. 1846년 이태리 화학자 아스카니오 소브레로Ascanio Sobrero가 흥미로운 화합물을 발견했을 때의 일을 소개하겠다. 그레이엄 웨스트Graham West가 쓴 『혁신과 터널 뚫기 산업의 회생Innovation and the Rise of the Tunnelling Industry』에 따르면, 소브레로는 그 물질 소량을 혀에 올려놓으면 두통이 생긴다는 사실을 발견했다. 그리고 소량을 개에게 먹였더니 개가 죽었다고 한다. 문제의 이 화합물이 바로 니트로글리세린이다. 소브레로는 그 물질을 실험하던 중에 얼굴에 심각한 상처를 입게 됐고, 자신의 연구를 끝낼 결심을 했다고 한다.

니트로글리세린의 명백한 위험에도 불구하고, 스웨덴의 화학자 알프레드 노벨Alfred Nobel은 그 물질을 제조하려고 시도한 최초의 인물이었다. 하지만 소브레로의 연구에서 좀 더 진척시키자, 수많은 사상자가 나오게 됐다. 1864년에는 폭발로 인해 여러 명이 사망했는데, 거기에 노벨의 동생도 포함돼 있었다. 2년 후, 노벨은 제조 공정을 수정함으로써 문제를 해결했고, 다이너마

이트(힘을 뜻하는 그리스어dynamis로부터 온 말이다)를 생산할 수 있었다. 다이너미이트의 효과는 더욱 강력해졌고, 운송은 훨씬 안전해진 것이다.

1888년 노벨의 형님 한 분이 사망했는데 한 프랑스 신문이 죽은 사람을 알프레드 노벨이라고 착각했다. 『노벨상 받는 법How to Win the Nobel Prize』을 쓴 마이클 비숍Michael Bishop은, 신문들이 '죽음의 상인'이 죽었다는 보도를 했다고 전한다. 근본적으로 반전론자였던 노벨은 자신의 사후 평판을 미리 듣고 경악했다. 이 사건은 결국 노벨에게 자신의 평판을 개선할 기회를 준 셈이 됐다. 노벨은 폭발물을 제조해서 얻은 막대한 부를 이용해 노벨상을 만들었다.

세상 사람들은 이 결정을 환영했지만, 아마 노벨의 친척들은 그러지 않았을지도 모르겠다. 노벨의 엄청난 유산을 받을 기회는 날아갔고, 단지 위대한 박애주의자의 가족이라는 사실에 만족해야 했으니까.

•••벤자민 프랭클린은 폭풍우 속에서 연을 날렸다?

미국의 정치가이자 과학자이며 발명가인 벤자민 프랭클린은 당시 최신 유행하던 주제인 전기에 관심을 갖게 되었다. 1751년 플랭클린은 금속 막대기를 이용해 폭풍우로부터 기상학적 전기를 끌어낼 수 있다는 자신의 이론을 책으로 출간했다. 하지만 프랭클린이 이론을 검증하기도 전에, 프랑스인 콩트 조르주-루이 드 뷔퐁Comte Georges-Louis de Buffon이 프랭클린의 천둥을 훔쳐  갔다. 말하자면, 뷔퐁이 프랭클린의 발견을 제친 것이다.

뷔퐁은 그 기구를 자신이 시험할 정도로 어리석지는 않았다. 『옥스퍼드 현대과학사 안내』에서 헤일브론J. L. Heilbron은 이렇게 증언하고 있다. '폭풍우가 오자 뷔퐁은 노병(老兵)에게 실험을 지시했다. 노병은 마지못해 손가락을 막대기에 갖다 대어 스파크를 끌어냈다. 하지만 그 노병은 막대기에 내리 꽂힌 번개 전체를 잡지 않고 단지 미량의 전기 파동만을 잡아냈기 때문에 목숨을 구할 수 있었다.'

뷔퐁의 금속 막대와 비교했을 때 '연'은 보다 선호되는 전도체이다. 헤일브론의 주장에 따르면, 프랑스 과학자 자크 드 로마Jacques de Romas는 연을 통해 대기 중의 전하를 모으고 끌어오자고 제안한 최초의 인물이었다. 1752년 10월 피터 콜린슨Peter Collinson

에게 보낸 편지에서 프랭클린은, 연과 금속 열쇠, 비단 리본 및 라이덴병(프랭클린은 라이덴병을 '약병'이라고 불렀다)을 이용해 프랑스에서 했던 실험을 자신이 계승했다고 주장했다. 프랭클린의 설명에 따르면, 젖은 연줄은 전기를 자유롭게 전도할 수 있고 연줄의 끝에는 비단 리본을 묶어 안전장치로 사용한다는 것이다. 비단 리본과 연줄이 연결되는 곳에는 열쇠가 묶일 것이다.

자, 지금부터 프랭클린이 말한 대로 실험 과정을 따라가 보자. 천둥(돌풍)이 오는 순간, 연은 하늘로 띄워질 것이고 실험자는 문이나 창문 안쪽, 혹은 덮개 밑에서 비단 리본이 비에 젖지 않도록 대기해야 한다. 또한 연줄이 문틀이나 창틀에 닿지 않도록 주의해야 한다. 프랭클린은 실험자가 튀김이 되는 것을 방지하기 위해 마른 비단 리본이라는 안전장치를 포함시켰지만, 이는 별로 도움이 되지 않았을 것이 확실하다. 이런 과정을 거쳐 열쇠로부터 풍부하게 흘러나온 전기가 실험자의 손가락 마디에 접근하면, 그 전기로 '약병(혹은 라이덴병, 일종의 축전기)'을 대전시킬 수 있다. 우리는 프랭클린이 현명하게도 전하를 실험자가 아니라 '약병'에 모으겠다고 주장하는 것에 주목해야 한다. 사실 프랭클린은 연줄을 이용해 금속제 열쇠를 폭풍 속으로 띄워 올렸다. 전하를 유도한 것은 '열쇠'지, 젖은 실 끝에 있는 사람이 아니었다.

1767년 『전기의 역사와 현황』이란 책에서, 영국 과학자 조셉 프리스틀리는 프랭클린이 이 실험을 한 것이 1755년 6월일 것이라고 주장한다. 프랑스에서 동일한 이론을 검증한 지 한 달 후에, 프랭클린은 들판에 세워진 헛간에서 손가락을 열쇠 가까이 두고 서 있었다고 한다. 프리스틀리는 전기 스파크의 진짜 증거를 경험한 순간, 프랭클린이 느꼈을 격렬한 기쁨(?)에 대해 설명하고 있다. 프리스틀리는 분명 플러그를 뽑아 놓은 것으로 착각해, 전기가 흐르는 전깃줄을 잡아본 적이 없었을 것이다.

벤자민 프랭클린의 전기를 쓴 콘래드 스타인R. Conrad Stein은, 프랭클린이 실제로 그런 실험을 했는지 아닌지 확신할 수 있는 사람은 아무도 없다고 한다. 프랭클린이 괜히 연을 뇌우 속으로 띄우지는 않았을 것이라 짐작할 뿐이다.

그리고 다음해, 독일 물리학자 게오르크 빌헬름 리히만Georg Wilhelm Richmann은 프랭클린의 '번개-막대' 실험을 강화한 자신의 실험을 했고, 이는 치명적인 결과를 냈다. 『구상(球狀) 번개Ball Lightning』란 책에서, 마크 스테노프Mark Stenhoff는 다음과 같이 밝히고 있다. '폭풍우가 다가오자 리히만은 동료와 함께 집으로 뛰어갔다. 리히만이 번개 막대에 가까이 다가가자마자 주먹 만한 파리한 푸른색 불덩어리가 막대에서 튀어나왔다. 불행히도 그 불덩어리는 리히만의 이마를 때렸고, 그는 신음 한마디 하지 못하고 뒤로 넘어졌다. 그의 동료는 치명적인 전하가 리히만의 발에서 땅으로 향하자 그의 신발이 쩍 벌어졌다고 전하고 있다. 리히만은 더이상 번개 실험을 하기 위해 집으로 달려갈 수 없었다.

●●●실험실의 곰팡이 핀 빵에서 페니실린을 발견했다?

페니실린의 개발은 단언컨대 위대한 의학적 도약이다. 1929년

스코틀랜드 출신 세균학자 알렉산더 플레밍Alexander Fleming이 우연히 이 '마법의 탄환magic bullet'을 발견했다. 플레밍은 노벨상 수상 기념 강연에서 페니실린이 우연히 발견되었음을 인정한다. 당시 플레밍은 독감 치료제를

연구하던 중이었고, 행운은 먹다 남긴 점심이 아니라 폐기된 배양 접시에서 찾아왔다. 「페니실린 배양체의 항균 작용에 관하여 On the Antibacterial Action of Cultures of a Penicillium」라는 논문은 1929년 영국 실험 병리학 저널에 실렸는데, 거기서 플레밍은 다음과 같이 설명하고 있다. '검사를 하는 접시들은 대기에 노출될 수밖에 없었고, 다양한 미생물에 오염되었다.' 사실 플레밍의 실험실은 대개 혼돈상태였고, 실험용 배양 접시들은 몇 주씩 방치되는 것이 보통이었다.

페니실린을 만들게 해준 푸른곰팡이는 열린 창으로 들어왔다고 전해진다. 사실 포자들은 알레르기 검사를 하고 있는 실험실로부터 부유하던 것이었다. 이 신화가 빵과 연결된 것은 문제의 곰팡이가 빵 곰팡이의 일종이었기 때문이다. 푸른곰팡이가 배양 접시의 균을 죽이는 것으로 보였기 때문에, 플레밍은 그 곰팡이가 분명 살균 속성을 가지고 있다고 확신했다.

플레밍은 자신의 유일한 장점이 관찰을 게을리 하지 않는 것이며, 세균학자로서 그 주제를 집요하게 추구한 것이라고 말한다. 하지만 플레밍이 그 주제를 그리 열심히 연구했던 것 같지는 않다. 『20세기 인명사전』이 '플레밍은 순수한 추출물을 생성하거나 그것의 진정한 치료 가치를 보여주는 일에 성공하지 못했다'고 평가하기 때문이다. 『브리태니커 백과사전』은 플레밍이 활성 화합물을 분리하고 확인하는 데 필요한 화학적 수단을 갖고 있지 않았기 때문이라고 약간은 옹호하는 입장이다. 반면 『옥스퍼드 의약 안내서』를 쓴 애런슨J. K. Aronson의 주장은 다르다. 플레밍이 발견 내용을 임상에 적용하기 위한 노력을 전혀 하지 않았다는 것이다. 플레밍 자신조차 '1929년 출간된 내 논문은 페니실린을 개발한 다른 학자들의 작업, 특히 화학분야 연구의 출발점이었다'고 고백하고 있다.

사실 1940년이 되어서야, 언스트 체인Ernst Chain과 하워드 플로리Howard Florey가 페니실린의 항생제로서의 엄청난 가치를 증명했다. 그들의 작업은 수많은 다른 항생제를 개발하게 하는 길을 열었고, 세균과 곰팡이에 의한 질병 치료의 혁명을 일으키게 됐다.

우리가 페니실린은 온전히 플레밍이 발견한 것이라고 믿는 까닭은, 암로스 라이트 경Sir Almroth Wright의 1942년 8월 28일자 편지 때문일지도 모른다. 라이트 경은 이 편지에서 페니실린 발견의 '월계관'이 알렉산더 플레밍 교수에게 주어져야 한다고 주장한다. 암로스는 당시 영국 런던의 패딩턴Paddington에 있는 성모병원에 개설된 자신의 예방접종과를 홍보하기 위해 안달이 난 상태였다. 암로스는 플레밍이 페니실린의 발견자이고, 그 물질을 의학에 적용시킬 가능성이 있는 최초의 인물이라고 말한다. 하지만 과학계는 누구의 공인지 좀 더 명확하게 알고 있었던 것이 분명하다. 플레밍과 언스트 체인, 하워드 플로리가 1954년 노벨 의학상을 공동 수상한 것을 보면.

•••에드먼드 핼리가 핼리 혜성을 발견했다?

커다란 불덩이가 '쉬익' 하는
소리를 내며 하늘을 가로지
는 모습은 장관이 아닐 수 없
다. 지구에서 가장 유명한 혜
성은 2,000여 년 전에 관찰되
었다. 기원전 240년, 중국의 천
문학자가 이 혜성을 관찰하고 기록으로 남겼다. 이 혜성이 지구
에 가장 가까이 다가왔던 것은 서기 837년이었다. 『과학 도해 사
전Illustrated Dictionary of Science』은 1066년 프랑스에서 제작된 자수
벽걸이 그림을 소개하고 있다. 그림 속에서 해롤드Harold 왕은 신
하들이 놀라서 불덩어리를 가리키자 머리를 숙여 피하는 모습을
보이고 있다.

베들레헴의 별이 혜성이었다는 주장도 종종 제기된다. 하지
만 천문학자 패트릭 무어Patrick Moore는 기원전 12년에 '그 혜성
이 몇 년 이르게 돌아왔다'고 기록한 『천문학 자료 책The Data Book
of Astronomy』을 근거로 잘못을 바로잡는다. 에드먼드 핼리Edmond
Halley의 전기를 쓴 앨런 국Alan Cook은, 1301년 그 혜성이 출현한
것에 영감을 얻은 이태리 화가 지오토 디 본도네Giotto di Bondone

가 1304년부터 1306년까지 그린 자신의 종교적 프레스코화『동방박사의 경배Adoration of the Magi』에서 마구간 위에 뜬 베들레헴의 별을 커다란 불덩어리로 묘사했던 것이라고 주장한다.

이런 역사적 기록에도 불구하고 핼리 혜성은 핼리가 발견했다고 믿는 사람들이 많다. 18세기 초 잉글랜드의 천문학자인 에드먼드 핼리는, 단지 그 혜성의 궤도를 최초로 계산하고 이전에 나타났던 혜성과 동일한 것임을 밝히고, 다시 나타날 시간을 정확히 예측했던 사람일 뿐이다. 핼리는 1705년에 쓴 책『혜성 천문학 개요A Synopsis of the Astronomy of Comets』에서 1531년, 1607년, 1682년(핼리가 그 혜성을 본 해다)에 나타났던 혜성은 모두 동일한 혜성이고, 대략 76년 간격으로 돌아온다고 주장했다. 그리고 이어서 '감히 예언하건대, 이 별은 1758년 다시 지구로 올 것이다'라고 덧붙였다.

슬프게도 핼리는 자신의 예측이 증명되는 것을 보지 못하고, 1742년 세상을 떠났다. 그 혜성은 핼리가 죽은 지 16년 후에 다시 나타났다. 정확히 핼리가 예측한 해였다. 사람들은 그 혜성에 핼리의 이름을 붙여주었다. 핼리 혜성이 우리 태양계를 다시 방문하는 것은 2061년이다. 아마 정부 당국은 두통이 생길 우려가 있으니 그 별을 보지 말라고 권할지도 모르겠다.

***찰스 다윈은 조롱이 두려워 진화론 출간을 연기했다?

진화론을 주창한 찰스 다윈은 자신의 이론을 20년이나 묵혀 두었다가 책을 냈다고 한다. 진화론의 이론적 배경을 생각해낸 것은 1840년경이었지만『자연 선택에 의한 종의 기원에 관하여On the Origin of Species by Means of Natural Selection』란 책이 출간된 것은 1859년이다. 공식적, 비공식적 조소와 보복을 예상하며 잔뜩 위축된 다윈이 자신의 이론을 극비로 유지했다는 것이다. 그런데 이게 사실일가?

1876년 자서전(쓰긴 썼지만 절대로 출판할 작정은 아니었다고 한다)에서 다윈은 이런 상황에 대해 일언반구 언급이 없다. 케임브리지 대학의 과학사가 존 반 와이혜 박사Dr John van Wyhe는, 다윈이 논문 출간을 미뤘다는 주장에 대해 어떤 기록이나 증거도 없다고 반박한다. 와이혜 박사는 자신의 연구 논문에서 '다윈이 진화론 출간을 미뤘다는 실은 역사직 증서와 너무나 심각하게 모순되며,

다윈이 믿고 있었던 내용은 출간 전에도 비밀이 아니었다'고 주장한다. 사실 1844년에 쓴 편지에서 다윈은 식물학자 조셉 댈튼 후커Joseph Dalton Hooker에게 다음과 같이 선언하고 있다. '나는 종(種)이 여러 가지 목적에 정교하게 적응하게 되는 단순한 방식을 발견했다고(이건 주제넘은 억측일지도!) 생각하네.'

　다윈은 자신의 이론에 대해 많은 사람들이 오류를 찾아낼 거라는 점을 알고 있었다. 그가 자신의 진화에 대한 신념은 마치 '살인을 고백하는 것'과 같다고 고백했기 때문이다. 하지만 다윈이 1841년 '표석erratic boulder'에 관한 초기 발견을 발표했을 때, 그는 비웃음 따위는 두려워하지 않는 듯 보였다. 1848년 다윈은 지질학자 존 필립스John Phillips에게 다음과 같은 편지를 썼다. '논문으로 인해 내가 충분히 매도당했다고 생각하네. 그렇다고 그런 비난에 굴복해서 내 견해를 털끝만큼도 바꿀 생각은 없을뿐더러 절대로 약한 모습을 보이지 않기로 결심했다네.'

　『브리태니커 백과사전』은 진화라는 아이디어가 새로운 생각이 아니라고 한다. 다윈의 이론은 단지 진화가 어떻게 일어나는지를 설명했을 뿐이라는 것이다. 자서전에서 다윈은 이렇게 기술하고 있다. '1837년 나는 종의 기원과 관련해 내 공책을 개방했다. 그 주제에 대해 오랫동안 숙고했으며, 그 후 20년 동안 연구를 멈추지 않았다.' 1842년 다윈은 자신의 이론에 대한 간략한 초고를 썼고, 1844년에는 좀 더 자세하게 썼다. 그렇지만 진화란 주제를 여러 권의 저술로 정립하는 작업은 1856년에야 시작했다. 이론이 만들어진 후, 16년이 넘는 시간이 흐른 시점이었다.

『천재의 기원Origins of Genius』이란 책에서 딘 케이스 사이먼턴 Dean Keith Simonton은 이렇게 밝히고 있다. '지질학자 찰스 라이엘 Charles Lyell을 비롯한 다윈의 친구들은 발표를 너무 오래 지연시 키지는 말라고 충고했다. 다른 과학자들에게 선점 당하는 것을 우려했기 때문이다.' 그런데 정확하게 우려했던 일이 일어났다. 다윈이 자서전에서 설명한 바에 따르면, 1858년 다윈이 25만 단 어의 논문을 완성한 바로 그 시점에, 잉글랜드인 표본 수집가 앨 프레드 러셀 월리스Alfred Russel Wallace가 '원래 형태로부터 애매하 게 이탈하는 변종의 경향성에 관해On the Tendency of Varieties to depart indefinitely from the Original Type'란 제목의 에세이를 다윈에게 보내온 것이다. 다윈은 '그 에세이가 정확하게 내 이론과 같은 이론을 포 함하고 있었다'고 말했다.

대니얼 색터Daniel L. Schacter의 『잊힌 아이디어, 무시된 선구자 들Forgotten Ideas, Neglected Pioneers』에는 다윈이 찰스 라이엘에게 했 다는 말이 수록되어 있다. '자네의 말이 아주 그대로 실현됐다네. 좀 더 일찍 움직였어야 했는데······. 나의 모든 독창성은, 그게 크 든 적든 말이지, 박살이 나게 됐다네.' 결국 그 편지를 받은 지 2 주 만에, 다윈은 월리스와 공동으로 사신의 논문을 발표했다. 그 러나 다윈이 기록한 대로, 공동 논문은 거의 관심을 불러일으키지 못했다.

그 후 다윈은『종의 기원에 관하여』를 발표했고, 라이엘에게 이런 편지를 썼다. '나는 아주 생각이 느린 사람이라네. 해결해야 할 문제들이 내게 명료하게 이해될 때끼지 보낸 세월을 알면 자네도 놀랄 것이네.'『종의 기원』은 결코 인류의 기원을 고찰한 것이 아니다.『브리태니커 백과사전』은 이렇게 밝히고 있다. '신문들은 다윈이 특히 피하려고 했던 한 가지 결론을 대서특필했다. 인간이란 종이 원숭이로부터 진화했다는 것이다.' 여기서 다윈의 애기를 직접 들어보자. '많은 박물학자들이 종의 진화라는 교의doctrine를 완전히 받아들였다. 내가 갖고 있는 기록을 다시 한 번 정밀하게 검토하는 것이 좋겠다는 생각이 든다. 그 기록들을 근거로 인간의 기원에 대한 특별 논문이라도 발표해야 하지 않을까?' 1868년 다윈은 프러시아의 왕(빌헬름 1세)으로부터 푸르 르 메리트Pour le Mérite 훈장을 수여했고, 그 후『인간의 유래The Descent of Man』를 발표했다.

『브리태니커 백과사전』에 따르면, 다윈이 살아 있는 동안 과학 공동체에 속한 과학자들 대부분이 그의 '계통 이론theory of descent'을 대부분 받아들이게 됐다고 한다. '자연선택'이란 이론은 좀 더 늦게 받아들여지긴 했지만.

12.

밑도 끝도 없는
잘못된 인용

•••발명될 수 있는 것은 다 발명됐다!

찰스 듀엘Charles H. Duell은 이러한 황당한 주장으로 두고두고 조롱거리가 되었다. 미국의 특허청장이었던 그는 더 이상의 발명을 기대할 수 없다고 믿었다고 전해진다. 그가 이 같은 의견을 말한 것은, 1899년 맥킨리 대통령에게 특허청을 폐지하거나, 자신의 사직을 받아들이라고 촉구하기 위해서였다고 한다. 과연 이것이 사실일까?

1989년 『스켑티컬 인콰이어러Skeptical Inquirer』라는 잡지에서 새뮤얼 사스Samuel Sass는, 에버 제프리 박사Dr Eber Jeffery가 이 문제에 대해 샅샅이 조사했다고 말한다. 1940년 판 『특허청 저널 Journal of the Patent Office Society』에 실린 글에서 제프리 박사는 이렇게 주장한다. '미국 특허청의 관리나 직원이 더 이상 발명할 것이 없다는 견해를 근거로 퇴직한 적이 있다는 증거는 찾지 못했으며, 그 발언은 당시의 실제 상황과는 정반대이다.' 듀엘의 1899년 보고서를 봐도, 이전 해에 비해 특허가 3,000건이나 증가했다고 적혀 있을 정도다.

『월스트리트에서 중국으로From Wall Street to China』의 저자인 워럴Worrall과 오셰어O'Shea 역시 그 이야기가 진실이 아니라고 말한다. 제프리 박사에 의하면, 가히 신화적인 그 발언은 특허청 관료 헨리 엘스워스Henry L. Ellsworth가 한 말이라고 한다. 1843년 엘스워스는 미국 의회에서 '해마다 믿기 어려울 정도로 기술이 발전하고 있어, 인류의 향상이 끝날 때가 다가오고 있다는 예감이 들 정도'라고 발표했다. 하지만 엘스워스의 말은 순수한 수사적 발언이었던 것으로 보인다. 능력 있는 관료들이 늘 그렇듯, 그도 특허청이 미래의 확장을 위해 더 많은 투자를 해야 한다는 주장을 했기 때문이다. 그 발언이 있은 지 2년 후, 엘스워스는 개인적 사정으로 사임을 하게 됐는데, '나는 모든 사람들이 대중의 인정을 공유하며 더 위대한 향상을 이룰 기회를 갖게 되기를 기원한다'고 말했다고 한다.

　그러니 더 발명할 것이 남아 있지 않다는 인용 자체가 순수한 발명이었던 셈이다.

•••악이 승리하기 위해 필요한 것은 오직 선량한 사람들이 아무것도 하지 않는 것뿐이다!

18세기 정치가였던 에드먼드 버크Edmund Burke가 이 말을 한 것으로 유명하다. 하지만『콘사이스 옥스퍼드 인용구 사전Concise Oxford Dictionary of Quotations』은 버크가 쓴 글 중에서 이런 문구는 발견되지 않았다고 지적한다.

폴 볼러Paul F. Boller는『그들은 그렇게 말한 적이 없다They Never Said It』란 책에서『바틀렛의 친숙한 인용구 사전Bartlett's Familiar Quotations』 14판을 인용하고 있다. 내용인즉슨, 그 말은 버크가 1795년 1월 9일 윌리엄 스미스William Smith에게 보낸 편지에 쓰여 있었다는 주장이다. 하지만 볼러가 좀 더 자세히 조사한 결과, 그 편지는 1월 29일에 보내진 것이었고, 편지 어느 곳에도 악의 승리에 대한 언급은 없었다고 한다. 볼러는 이렇게 덧붙인다. 『뉴욕 타임스』 칼럼니스트 윌리엄 새파이어 William Safire가 그 문제에 대해 바틀렛의 인용구 사전 편집자에게 문의해보니 '아직까

지' 그런 내용은 사전에 실린 적이 없다고 했다.

하지만 버크가 비슷한 말을 한 적은 있다. 그는 1770년 의회에서 '지금 있는 불만의 원인에 대한 생각Thoughts on the Cause of the Present Discontents'이런 제목의 연설을 했다. 그 연설에서 버크는 다음과 같이 말했다. '악한 사람들이 모이면, 선량한 사람은 반드시 연합해야 합니다. 그렇지 않으면 선량한 사람들은 하나씩 차례로 멸망할 것입니다. 경멸스러운 투쟁 속에서 동정조차 받을 수 없는 상태로 희생될 것입니다.' 버크의 이 연설문은 잘못 인용되고 있는 문장의 감정을 그대로 반영하고 있는 듯하다. 최소한 필자의 생각에는 그렇다.

•••일어나라 근위대, 그리고 돌격하라!

"Up, guards and at'em!" 웰링턴의 공작, 아서 웨슬리 경Sir Arthur Wellesley이 했다고 전해지는 말이다. 1815년 워털루 전투가 벌어지기 직전, 자신의 부하들인 영국 근위 보병 연대에게 이 같은 명령을 내렸다는 것이다.

『콘사이스 옥스퍼드 인용구 사전』은 이 말이 근위 연대의 한 장교가 썼던 편지와 관련된 것이라는 말이 있지만, 후에 웰링턴이 이를 부정했다고 설명한다.『그들은 그렇게 말한 적이 없다』

에서 폴 볼러는 공작 자신이 그런
말을 한 적이 없다고 증언했음
을 밝히고 있다. 볼러는 만
약 한 지점에서 포격을 받
았고, 늘 그러는 것처럼 근
위대가 엎드려 있었다면, 웰
링턴 공작은 일어나라고 명령했을

것이라고 한다. 『옥스퍼드 전사 안내서』에 따르면, 철의 공작Iron
Duke(*웰링턴 공작의 별명-옮긴이)은 실제로 이렇게 소리쳤다. '근위
대 기상! 사격 준비! 발사!'

   웰링턴이 부하들에게 뭐라고 말했든, 효과가 있었다. 프러시
아의 지원에 의해서, 막강한 황제 나폴레옹을 가까스로 물리쳤
고, 나폴레옹은 최종적인 패배를 당하게 됐으니까.

•••전리품은 승자의 것이다!

제7대 미국 대통령 앤드루 잭슨은 '엽관제도spoils system'를 발명
한 사람이라고 알려져 있다. '엽관 제도'는 선거에 이긴 쪽이 모
든 정적을 제거하고, 자신의 선거 운동원과 지지자를 관식에 임
명하거나 혜택을 주는 것이다. 하지만 잭슨은 그런 제도를 만든

적도 없고, 그와 관련된 말을 한 적도 없다.

『콘사이스 옥스퍼드 인용구 사전』은 그 말이 실제로는 미국 정치가 윌리엄 런드 마시William Learned Marcy가 1832년 미국 상원에서 한 연설에서 나온 것이라고 밝힌다. 그 연설은 상원의원 헨리 클레이Henry Clay의 공격으로부터 국무장관 마틴 반 뷰렌Martin Van Buren을 지키기 위한 것이었다. 마시는 뉴욕의 정치가들을 거론하며 '그들은 적의 전리품은 승자에게 속한다는 원칙이 아무 문제가 없다고 본다'고 개탄했다.

잭슨 대통령은 그가 재임한 8년 동안(1829~37), 연방 공무원 중 20%만 물갈이했다. 대부분의 공무원들은 정당에 대한 충성도와 상관없이 자신이 맡은 일을 계속했던 것이다.

•••세 가지 거짓말이 있다. 거짓말, 심한 거짓말, 그리고 통계!

이 말은 통계를 잘못 사용하면 사실을 크게 오도할 수 있다는 의미로 널리 사용되고 있으며, 일반적으로 영국 수상이었던 벤자민 디즈렐 리가 했다고 알려져 있다.

마크 트웨인은 자서전에서 '디즈렐 리가 했다고 알려진 그 말은 정의와 힘에 대해서도 똑같이 적용될 수 있다'고 언급했다. 하지만 『컬럼비아 세계의 인용구 사전』은 '그런 말은 디즈렐 리

의 작품 가운데서 발견된 적이 없
다'고 선을 긋는다.『옥스퍼드 과
학 인용구 사전Oxford Dictionary of
Scientific Quotations』역시 그 말을
디즈렐 리가 했다고 전해지는
소문 외에는 증거가 없다고 밝
혔다.

　이 말을 누가 처음 했는지는 명확
하지 않다.『정중히 인용되다Respectfully Quoted』란 책에서 수지 플
랫Suzy Platt은, 기자이자 정치가였던 앙리 라부세르Henry Labouchère
가 그 주인공일 거라고 주장한다. 미국 하원의원 에이브럼 휴이
트Abram S. Hewitt와 작가였던 할러웨이 프로스트Holloway H. Frost도
후보로 올라가 있다. 디즈렐 리는 지혜로운 말을 많이 남겼지만
'거짓말과 통계'에 관한 이 말은 하지 않았던 것 같다.

•••해군의 전통? 럼주와 남색과 채찍이지!

한 해군 제독이 일반 수병에게 더 좋은 근무 조건을 제공하는 것
이 '왕립 해군의 전통에 어긋나는 조치'라며 반발하자, 윈스턴
처칠이 이 유명한 답으로 응수했다고 알려져 있다. 이 말이 사

실일까? 처칠 센터가 출간한 『최고의 시간Finest Hour』을 들여다 보자. 치칠의 개인 비서였던 앤서니 몬태규-브라운 경Sir Anthony Montague-Browne은 처칠과 저녁 식사를 하던 중에 이 문제에 대해 처칠에게 물어보았다고 한다. 하지만 처칠은 '나는 그런 말을 한 적이 없네. 했더라면 좋았을 걸'이라고 답했다는 것이다.

이 말이 『해롤드 니컬슨의 일지: 1919-64The Harold Nicolson Diaries: 1919-64』에 기록돼 있다는 주장도 있다. 하지만 필자가 찾아본 책에는 럼주나 남색은 물론이고 채찍에 대해서도 어떤 언급이 없었다. 『처칠을 찾아서In Search of Churchill』란 책에서 역사가 마틴 길버트Martin Gilbert는 자신이 이 말을 입에 올렸다가 낭패를 당한 경험을 회고하고 있다. '시카고에서 있었던 저녁 리셉션 중에 이 말을 인용한 적이 있었다. 그런데 나는 주빈이었던 은퇴한 대사로부터 심한 비난을 들어야 했다. 그는 이 이야기가 근거 없다는 입장을 고수했다.' 길버트는 이렇게 덧붙였다. '나는 이 이야기를 입에 올렸다는 사실에 수치심을 느꼈고, 확증도 없는 이 이야기를 한 자신이 경멸스러웠다.'

『옥스퍼드 인용구 사전』은 19세기 영국 해군들 사이에 유행했던 말을 기록해 놓았는데, 이 이야기의 기원에 대한 단서를 얻을 수 있다. '육상에서는 포도주와 여자와 노래, 선상에서는 럼주와 엉덩이bum와 콘서티나concertina(작은 아코디언 같이 생긴 악기).' 이 말이 무슨 뜻일지는 여러분의 상상에 맡긴다.

●●●대표 없는 과세 없다!

제임스 오티스James Otis는 미국의 정치 운동가다. 그는 이 한마디 말로 미국 식민지의 권리를 수호한 주인공으로 기억되고 있다. 『그 사람들은 절대 그렇게 말한 적이 없다』란 책에서 폴 볼러는, 오티스가 그 말을 했다는 기록은 없으며, 존 애덤스가 1820년에 언급한 것이 최초의 기록이라고 밝혔다. 볼러에 따르면, 애덤스 의 말은 오티스의 주장을 요약한 것이지, 그대로 인용한 것은 아 니라고 한다.

『미국 인용구 사전』을 쓴 휴 로슨Hugh Rawson도 오티스가 정확 히 어떤 말을 했는지는 알려진 바 없다고 폭로했다. 오티스가 1764년 만든 팸플릿『식민지의 권리Rights of the Colonies』에는 이런 구절이 있다. '폐하의 영토 어느 곳에서도 그 주민들의 동의 없이 과세될 수는 없습니다.' 어쨌든 '대표 없는 곳에 과세 없다'는 말 은 식민지 독립전쟁의 슬로건이 됐다. 당시 미국인들은, 영국 시 민들이 투표를 통해 선출한 국회의원을 통해 상시적인 발언권을 갖고 있다고 믿고 있었던 것 같다. 하지만 18세기 중반까지 영국 에서는 토지를 소유하고 있는 지주 계급의 남자 중 일부만이 투 표할 수 있었고, 전체 영국 인구의 3%만이 투표권을 갖고 있었 다. 그 후로 100년도 더 지난 1884년이 되어서야, 영국의 노동자 들도 투표권을 갖게 되었다.

•••나 죽은 뒤에 홍수가 나든 말든!

정확히 말하자면 '나 죽은 뒤에 홍수가 나든 말든Après moi le déluge'
이 아니라 '우리 죽은 뒤에 홍수가 나든 말든Après nous le deluge'
이다. 1824년 발간된 『회고록Mémoires』에서 오세 부인(Madame du
Hausset)은, 그 말을 한 사람이 루이 15세가 아니라 왕의 총애를 받
던 정부(情婦) 퐁파두르 부인(Madame de Pompadour)이었다고 밝힌다.
『영국 여성 인명사전』도 퐁파두르 부인을 그 주인공으로 지목한
다.『옥스퍼드 영어 내 외국 용어 사전The Oxford Essential Dictionary of
Foreign Terms in English』은 1757년 로스바하Rossbach 전투에서 프랑스
가 프러시아에게 패했을 때, 퐁파두르 부인이 이 말을 했다고 설
명한다. 실제로 그 전투에서 패배한 후 프랑스의 구체제(앙시앙 레
짐ancien régime)는 몰락의 길을 걷게 된다.

하지만 알려진 바와 달리, 그
말을 처음 한 사람은 루이 15세
도, 퐁파두르 부인도 아닌 것 같
다. 존 파쿠아 쇼John Farquhar Shaw
의 작품인『인용구 새 사전A New
Dictionary of Quotations』은 그 말의 기
원이 프랑스의 옛 속담임을 확실
히 밝히고 있다.

13.

의심스러운
성인과 신앙

•••잉글랜드의 수호성인 성 조지는 잉글랜드 사람이었다?

사실은 성 조지St George가 실제 인물인지조차 확실치 않다.『브리태니커 백과사전』은 '성 조지의 일생이나 행위에 대해서 입증된 사실이 없다'고 밝히고 있다. 사실이 이럼에도 불구하고, 혹은 그렇기 때문에, 성 조지에 대한 전설은 꽤나 신비로운 형태로 살아남아 있다.

『옥스퍼드 성인(聖人) 사전Oxford Dictionary of Saints』은 성 조지가 확실치는 않지만 군인이었을 수도 있다고 지적한다. 헨리 서머슨Henry Summerson은 하우란Hauran(현대의 시리아) 지역의 샤카 Shaqqa에서 발견된 명문(銘文)을 언급한다. 그 명문은 조지 및 조지와 함께 순교한 성인들을 기리는 것이다. 또한 서머슨은 조지가 303년에 로마 황제 디오클레티아누스에 의해 박해받은 기독교도 중 한 명일 수도 있다고 한다.

조지가 잉글랜드에 알려진 것은 7~8세기경이다. 『앨프릭이 쓴 성인들의 생애Aelfric's Lives of the Saints』란 책에서, 앵글로 색슨계 작가인 앨프릭은 이 전사(戰士) 성인의 진짜 역사를 밝히겠다고 의욕을 보였지만, 그냥 지중해 지역에 전해지는 전설을 늘어놓았을 뿐이다. 앨프릭은 '조지가 카파도키아Cappadocia 지방에 살았으며, 잔인한 황제 치하의 부유한 귀족이었다'고 묘사한다. 신앙심 깊은 조지는 독을 먹고도 멀쩡했으며, 마차 바퀴에 묶이고 끓는 물에 튀겨져도 죽지 않아서 결국은 사악한 황제에 의해 목이 잘렸다는 이야기는 우리를 즐겁게 해준다. 하지만 이야기 속에서 조지를 박해한 자의 결말도 나을 것이 없었다. 박해자는 집으로 돌아가던 중에 갑자기 하늘에서 떨어진 불을 맞아 죽었고, 지옥에 떨어졌다고 알려져 있기 때문이다.

머리가 잘릴 때까지 죽음을 피할 수 있었다는 이유로, 동부 지중해 지역에서 조지의 위상은 크게 높아졌다. 로마 교회는 조지의 행위가 감탄할 만한 것이긴 하지만, 진실은 오직 신만이 아실 것이라고 선언했다.

조지는 소위 '그리스도의 신랑'이었다. 뭔 소리냐고 반문하겠지만, 사실 그 같은 전통은 5세기 동북 아프리카 지방에 살았던 콥트 기독교도들로부터 시작되었다. 『성 조지St George』란 책에서 사만타 리체스 박사Dr Samantha Riches는 이렇게 밝히고 있다. '성인과 신 사이에 이루어지는 순결한 동성 간 결혼은 알렉산드리아의 성 캐서린St Katherine of Alexandria을 비롯한 성인 급 여성들에 의해 주장되는 "그리스도와의 신비한 결혼"과 동등하다고 인정된다.'

13세기 연대기의 편찬자인 자콥 드 보라진Jacob de Voragine은 『황금빛 전설Legenda Aurea』이란 책에서, 조지가 리비아 왕의 딸을 어떻게 구했는지를 서술하고 있다. '조지는 그 지역 사람들이 모두 세례를 받고 기독교 신자가 되는 조건으로, 용을 죽이고 용의 머리를 잘랐다.' 이야기는 근사하지만, 용의 등장으로 인해 이 이야기의 신빙성은 상당한 타격을 받았음이 확실하다.

조지는 14세기 초, 에드워드 3세가 다스릴 때 잉글랜드의 수호성인이 됐다. 『브리태니커 백과사전』은 조지가 새로 만들어진 가터 훈장Order of the Garter의 수호성인이 됐다고 밝혔다. 15세기에는 조지의 유물을 소장하는 것이 큰 인기를 모았다. 서머슨이 밝힌 바에 따르면, 요크셔의 이스트 라이딩East Riding에 있는 작은 수도원이 조지의 무기 하나를 갖고 있다고 한다. 노포크Norfolk의 노르위치 대성당Norwich Cathedral 안에 있는 길드 예배당 역시 무기를 가지고 있다. 이에 뒤질세라, 버크셔의 윈저Windsor에 있는 세인트 예배당도 한 개를 보유하고 있다.

『성인들과 그들의 상징Saints and Their Symbols』에서 페르난도

Fernando와 지오이아 란치Gioia Lanzi는 이렇게 주장한다. '잉글랜드의 수호성인으로 잘 알려져 있는 성 조지는 보이 스카우트는 물론 페스트와 매독의 수호성인이기도 하다.'

성 조지는 참으로 여러 가지 모습을 가지고 있지만, 분명한 건 진짜 잉글랜드 사람은 아니라는 것이다.

***아일랜드의 수호성인 성 패트릭은 아일랜드 사람이었다?

오랜 세월 아일랜드인과 앙숙관계에 있었던 영국인이 아일랜드의 수호성인이라니! 이야기의 전말은 이렇다. 5세기에 살았던 성 패트릭St Patrick은 종교색 짙은 자서전『고백Confessio』에서, 자신이 '바나벰 타부르니애Bannavem Taburniae 출신 정착민이었다고 한다. 바나벰은 지명이고, 타부르니애는 아마도 타부르니아 종족을 의미하는 듯하다. 클레어 스탠클리프Claire Stancliffe는『영국 인명사전』에 실린 글에서, 패트릭의 저택은 브리튼 섬 남서부에 있었거나 체스터Chester와 솔웨이 퍼스Solway Firth 사이에 있는 해안 근처에 있었을 것이라고 추측했다.『브리태니커 백과사전』은 패트릭이 브리튼 섬에 살던 로마화 된 가문 출신이었다는 데 동의한다. 한편『가톨릭 백과사전』은 패트릭이 스코틀랜드 출신일 가능성도 밝히고 있다.

성 패트릭 자신의 설명에 따르면, 자신이 열여섯 살 때쯤 수천 명의 사람들과 함께 아일랜드로 잡혀왔다고 한다. 『가톨릭 백과사전』은 당시의 상황을 이렇게 기록하고 있다. '아일랜드인 침입자들은 교회의 부제(副祭)이자 하급 지방 관리였던 패트릭의 아버지 칼푸르니우스Calpurnius의 집에서 패트릭을 납치해, 아일랜드로 끌고 가 노예로 삼았다. 패트릭은 가축을 키우며 암담한 6년

을 보냈고, 그동안 자신의 열정을 신앙으로 돌리게 됐다.' 스탠클리프의 설명에 따르면, 패트릭이 결국 킬랄라 만Killala Bay 근처에 있는 농장까지 오게 됐을 것이라 한다.

그러던 중 패트릭은 배를 타고 탈출해 집으로 돌아갈 기회를 잡았다. '몇 년 후 나는 다시 브리튼 섬으로 돌아와 부모님을 만났다. 부모님은 그렇게나 심한 고난을 겪은 만큼 다시는 당신들 곁을 떠나지 않았으면 한다고 진심으로 내게 부탁하셨다.' 하지만 성 패트릭은 아일랜드로 돌아오라는 '부름의 목소리'를 들었다. '당신에게 간절히 바라노니, 신성한 젊은이여, 돌아와서 다시 우리들 사이를 거닐어 주소서.' 성 패트릭은 그 부름에 응답했고 아일랜드로 돌아가 선교에 매진했다. 결국 그는 아일랜드 사람 거의 전부를 기독교로 개종시켰다.

성 패트릭은 아일랜드의 수호성인일 뿐 아니라, 아일랜드를 뱀으로부터 해방시킨 성인으로도 전해진다. 『콘사이스 옥스퍼드 기독교 교회 사전』은 이와 관련해 이렇게 기술하고 있다. '언덕 위에 선 패트릭은 지팡이를 이용해 땅위를 미끄러져 다니는 피조물들을 바다로 몰아넣었고, 영원히 땅으로 돌아오지 못하게 추방했다.' 그 책은 아일랜드에는 뱀이 없음을 확인하면서, 동시에 '뱀이 있었던 적이 없다'는 사실도 인정한다. 『파충류의 생물학, 양식과 건강관리The Biology, Husbandry and Health Care of Reptiles』란 책에서 저자인 로웰 애커만 박사Dr Lowell Ackerman가 밝힌 전문가의 견해는 다음과 같다. '뱀은 마지막 대빙하기 동안 멸종했고, 뱀이 다시 들어오기 전에 아일랜드는 유럽 대륙과 분리된 섬이 되었다.'

•••성 토머스의 철자는 Thomas à Becket이다?

12세기의 이 '불온한 사제'는 런던에서 상인의 아들로 태어났다. 그는 잉글랜드 총리를 거쳐 대주교 자리까지 올랐지만, 이전의 절친 헨리 2세가 토해낸 경솔한 말 때문에 자신의 성당에서 쇠도리깨에 맞아 죽었다. 헨리 2세는 '이 불온한 사제를 없애 버릴 사람 누구 없나?'라고 말했다고 전해진다. 하지만 베켓을 지키려고 노력했던 사람 중 하나인 12세기의 수도사 에드워드 그림Edward Grim은, 자신이 1180년에 쓴 전기『성 토머스의 생애Vita S.Thomae』에서 조금 다른 주장을 한다. 즉 왕이 실제로 한 말은 이랬다는 것이다. '자신이 모시는 군주가 천민 출신의 성직자에게 창피하기 짝이 없는 모욕을 당해도 수수방관하는, 이런 한심한 밥벌레, 배신자들을 내가 먹이고 키웠다니!' 이 말은 흔히 하는 불평에 좀 더 가깝지, 피의 보복을 요구하는 말 같지는 않다.

어쩌면 가해자들에게 베켓을 살해할 의도가 선혀 없있는지도 모른다. 19세기에 만들어진 작품『캔터베리의 성 토머스St Thomas of Canterbury』에서 저자인 윌리엄 홀든 허튼William Holden Hutton은 당시의 상황을 다음과 같이 정리했다. '가해자들이 후에 털어놓은 말에 따르면, 그들은 베켓을 끌고 가서 성당 밖에서 혼내주거나, 아니면 감옥으로 내려가 가둬버릴 작정이었다. 하지만 베켓은 끌고 가지 못할 정도로 완강히 저항했고, 그로 인해 심한 폭행을 당해 죽음에 이르게 되었다.'

토머스의 성(姓)인 베켓의 철자에 대해, 현대의 학자들을 '지나치게 단순화됐다'는 주장을 펼친다. 하지만 『캔터베리 순례 Canterbury Pilgrimages』에서 스노든 워드H. Snowden Ward는 그 시대엔 'à Becket'이란 성이 존재하지 않았다고 밝힌다. 워드는 Becket이나 Beket이란 성을, 노르만 정착자의 아들이었던 토머스의 아버지 길버트 베켓Gilbert Becket이 최초로 사용했다고 설명한다. 『토머스 베켓Thomas Becket』이란 책을 쓴 프랭크 발로Frank Barlow는, 토머스의 아버지 길버트가 노르만 출신이었다는 데 동의하면서 'Beket'은 프랑스어 'bec'의 애칭이었을 수 있다고 주장한다. 프랑스어 'bec'는 보통 '새의 부리beak'를 의미하지만, 노르만디 공국에서는 '시내(beck이나 brook)'의 뜻도 갖고 있다.

발로는 토머스가 그 성을 썼다는 증거는 없으며, 아마 그가 귀족 출신이 아님을 조롱하는 의미에서 사용되었을 것이라고 추정한다. 발로는 이어서, 베켓이 관직을 가질 때까지 그의 이름은 '토머스 오브 런던Thomas of London(런던 출신의 토머스)'이었다고 한다. 『중세 교회사A History of the Church in the Middle Ages』에서 도널드 로건F. Donald Logan은 이 같은 의견에 동의한다. 토마스를 베켓이라 언급하는 동시대의 문건은 단 3개에 불과하다는 것이다. 로건에 따르면, 그는 대개 토머스 오브 런던Thomas of London, 토머스 총리Thomas the Chancellor, 혹은 토머스 대주교Thomas the Archbishop로 지칭됐다고 한다.

나중에 추가된 'à'에 대해 발로는 이렇게 설명한다. '그것은 종교개혁 이후에 생겨난 것이며, 아마도 토머스 아 켐피스Thomas à Kempis(*1379~1471. 네덜란드의 신학자로 본명은 토마스 에메르켄Thomas Hemerken. 기독교 문학 사상, 성서 다음으로 가장 큰 영향을 미쳤다고 평가되는 신앙서 〈그리스도를 본받아Imitatio Christi〉의 저자로 추측된다-옮긴이)를 모방했을 것이다.' 로건 역시 그의 이름에 'à'가 포함된 것은 후대의 불행한 조합이라는 데 의견 일치를 보인다.

지나치게 단순화되기는커녕, 상인 아들의 이름은 수백 년 동안 수수께끼의 'à'로 화려하게 장식되었다. 이제는 다시 원래의 자리로 돌아갔을 뿐이다.

•••성 캐서린은 못이 박힌 바퀴 위에서 순교했다?

언젠가 필자는 어머니에게 왜 회전 폭죽(원반같이 생긴 폭죽으로 불을 붙이면 빙글빙글 돌아감)을 캐서린 휠Catherine wheel이라고 부르는지 물어본 적이 있다. 알렉산드리아의 성 캐서린St Catherine of Alexandria이 마차 바퀴에서 순교했기 때문이라는 것이 어머니의 대답이었다. 그때부터 나는 성 캐서린이 거대한 폭죽에 묶여 처형됐다고 상상했다. 신을 만나러 가는 방식치고는 고통스럽지만, 한편으론 가슴 뿌듯할 만큼 화려했다는 생각도 들었다.

성 캐서린은 4세기 사람으로 추정된다. 『브리태니커 백과사전』에 따르면, 잔다르크가 들었다고 주장한 천상의 목소리 중 하나가 성 캐서린일 정도로 그녀는 인기 있는 성인이다. 그렇지만 『옥스퍼드 성인 사전』에서 데이비드 휴 파머David Hugh Farmer는 다른 의견을 제시한다. 즉 고대에 이 성인을 숭배한 기록이 없고, 순교자 열전Martyrology 중에도 성 캐서린을 언급한 것이 없으며, 초기 예술 작품에 성 캐서린이 등장하지 않는다는 것이다. 『가톨릭 백과사전』은 성 캐서린에 관련된 이야기들 중 많은 것이 큰 오류를 범하고 있다고 주장하는 18세기 베네딕트회 수사인 돔 데포리스Dom Deforis의 글을 인용하고 있다. 『브리태니커 백과사전』 역시 성 캐서린이 9세기 이전까지 언급된 적이 없으며, 역사적으로 확실히 존재했었는지도 의문이라고 지적한다. 또한

1969년 성 캐서린 축제일이 가톨릭교회 달력에서 삭제됐다는 사실까지 덧붙이고 있다. 파머는 성 캐서린에 대한 숭배가 9세기 시나이 산에서부터 시작됐다고 설명한다. 천사들이 순교한 성 캐서린의 시신을 시나이 산으로 옮겨놓았다는 전설을 지칭하는 것이다.

캐서린이 바퀴 위에서 순교하지 않았다는 이야기까지 있다. 중세의 성인전에 따르면, 열여덟 살 캐서린은 로마 황제 막센티우스Maxentius의 기독교도 박해에 항의했다고 한다. 황제가 캐서린을 로마식 종교로 개종시키려 했다든가, 황제가 캐서린과 결혼하려고(중혼) 했다는 얘기들도 전해지고 있다. 어쨌든 캐서린은 막센티우스 황제가 특별하게 고안한 '못 박힌 바퀴' 위에서 죽게 된다. 마이클 러셀Michael Russell이 쓴 『폭죽의 화학 Chemistry of Fireworks』은, 이 같은 고문 장치로부터 자극받아 '성 캐서린의 바퀴'라 알려진 폭죽이 개발됐다는 가설을 지지한다.

『가톨릭 백과사전』은 캐서린이 바퀴에 손을 대자, 이 고문 장치가 기적처럼 파괴냈다고 전한다. 파머는 그 장치가 폭발하여 산산조각나면서 구경꾼들이 다쳤다는 이야기에 동의한다. 미켈란젤로가 시스디나 싱당에 그린『마지막 심판』을 보면, 대단한 근육질 몸매의 캐서린이 못 박힌 바퀴의 부서진 조각을 휘두르는 모습을 볼 수 있다. 캐서린은 원 작품에서 알몸으로 그려졌는데, 1559년 교황 바오로 4세Pope Paul IV가 다니엘레 다 볼테라Daniele da Volterra를 시켜 녹색 드레스를 입혔다고 한다(볼테라는 '반바지의 작가'라는 별명을 갖고 있다. 명화에 등장하는 인물들의 중요 부위를 가리는 작업을 도맡아 했기 때문이다).

고문 장치가 파괴되었음에도 불구하고, 이 혈기왕성한 10대에겐 삶이 허락되지 않았다. 파머에 따르면, 캐서린은 결국 목이 잘려 죽었다. 14세기에 '캐서린 휠 브로치'는 인기 있는 장신구 중 하나였다. 살기 가득한 못으로 장식된 이 브로치는 여성들에게 아직까지 선호되고 있다. 또한 '캐서린 휠'은 뜨개질에서도 인기 있는 패턴이 되었다.

•••조안이란 이름의 여자 교황이 있었다?

12세기의 교황이었던 조안Pope Joan에 대한 일화는 약간 황당하기까지 하다. 거리에서 말에 오르려다가 출산을 했기 때문에 여자인 것이 들통났다는 얘기가 전해지기 때문이다. 『브리태니커 백과사전』에는 855년부터 858년까지 요한 8세John VIII란 칭호로 재위한 전설적인 여자 교황이 기록되어 있다. 『가톨릭 백과사전』은 다음과 같이 설명하고 있다. '교황 조안의 이야기는 14~15세기에 널리 회자되었다. 이 여자 교황은 그 이전부터 실존 인물로 간주되었고, 그 사실을 의심하는 사람은 없었다. 실제로 시에나 성당에 세워진 흉상 조각들 중에 교황 조안의 것도 있다.'

조안에 대한 최초의 기록은 13세기 도미니크 수도회의 수사 장 드 메이Jean de Mailly가 쓴 『보편적 연대기Chronica Universalis Mettensis』에서 발견할 수 있다. 장 드 메이는 그녀가 남장으로 자신의 모습을 감췄으며, 타고난 재능과 성격을 내세워 교황청 서기가 되고, 그 다음엔 추기경이 되고 마지막으로 교황이 됐다고 주장한다. 드 메이에 따르면, 어느 날 그녀는 말에 오르는 중에 아이를 낳았다고 한다. 이 불행한 여자는 두 발이 말꼬리에 묶인 채로 4km 정도를 끌려 다니며 사람들이 던지는 돌을 맞았다. 사람들은 그녀의 숨이 끊어지자, 그 자리에 그녀를 묻고 'Petre, Pater Patrum, Papisse Prodito Partum'이란 글을 새긴 비석을 세웠다.『교황 조안의 전설The Myth of Pope Joan』이란 책을 쓴 알랭 부로Alain Boureau는 비석의 명문을 이렇게 번역했다. '아버지들의 아버지인 베드로여, 여자 교황의 출산을 벌하소서.'

느 메이와 동시대를 살았던 트로포의 마틴Martin of Troppau은 그의 저서『교황과 황제의 연대기Chronicon Pontificum et Imperatum』에서, 보통 조안Joan으로 지칭되는 이 여자 교황을 '요한John'이라 부르면서 다음과 같이 쓰고 있다. '요한은 여성이며, 소녀 시절 남장을 하고 연인을 따라 아테네에 간 적이 있었다.' 트로포는 이어서 설명한다. '그녀는 교황으로 선출됐다. 그리고 동료에 의해 임신하게 됐다. 그녀는 성 베드로 성당에서 라테란Lateran 궁으로 가던 도중, 콜로세움과 성 클레멘트 교회 사이의 좁은 길에서 아이를 출산했다.' 조안은 사망 후, 성스러운 교황의 명단에 오를 수 없었다. 짐작하다시피 그녀가 여성이었고, 불결한 사건의 주인공이었기 때문이다.

15세기 들어, 새로운 교황 즉위식에 사용되는 대리석 의자는 좌석에 구멍이 뚫린 고대의 목욕용 의자였다는 주장이 있다. 구멍에 손을 넣어 고환을 확인하기 위해서라는 것이다. 하지만 구멍 뚫린 고대의 목욕용 의자는 조안의 재위 훨씬 전부터 사용된 것으로 추측된다.

교황 조안이 실존인물이냐는 논란에 대해, 절대 아니라는 의견도 있다.『옥스퍼드 교황 사전』에서 교회사가 켈리J. N. D. Kelly

는 '하루라도 여자 교황이 재위했었다는 사실을 시사하는 동시대의 기록은 없다'고 주장한다. 켈리는 여자 교황 얘기가 고대 로마의 민담에서 유래했을 것이라 추측한다. 『가톨릭 백과사전』은 교회사가인 케사르 바로니우스Caesar Baronius의 말을 인용해, 여자 같이 나약했던 교황 요한 8세로 인해 이런 이야기가 생겨났을 것이라고 주장한다. 같은 책엔 콘스탄티노플의 포티우스Photius of Constantinople 이야기도 언급되어 있다. 포티우스가 단호한 어조로 세 차례에 걸쳐 '요한 8세가 남자다운 사람'이라 말했다는 것이다. 마치 요한 8세가 나약하다는 오명을 벗겨주려는 것처럼.

『가톨릭 백과사전』은 19세기의 역사학자이자 신학자인 요한 요셉 이그나츠 폰 될링거Johann Joseph Ignaz von Döllinger와 그의 저서 『교황 우화Papstfabeln』도 인용하고 있다. 16세기에 콜로세움 근처에서 어린 아이와 함께 있는 사람의 고대 조각상이 발견됐는데, 사람들 대부분이 이를 여자 교황을 묘사한 것이라 여겼다는 것이다. 그리고 그곳과 멀지 않은 거리에 'Pap. pater partum'으로 시작되는 명문(銘文)이 있다고 한다. 드 메이의 주장과 일치하는 정황이다. 이 명문은 '아버지들의 여성 아버지'라는 의미라고 추론된다. 여자 교황의 이야기는 이 수수께끼의 조각상과 근처의 명문을 설명하기 위해 만들어진 것일지도 모른다.

•••교황 베네딕트 9세는 열두 살에 교황이 되었다?

악명 높은 11세기의 교황 베네딕트 9세가 최연소 나이로 교황의
자리에 올랐다는 것은 사실일까? 『옥스퍼드 교황 사전』에서 켈
리는, 교황 베네딕트가 세간에 퍼진 소문과 다르게 20대 후반에
교황이 되었다고 주장한다. 『가톨릭 백과사전』은 교황으로 즉위
할 당시 그의 나이는 20세 정도였다고 결론 내리고 있다. 소년 교
황의 신화는 일찌감치 베네딕트의 젊은 시절부터 시작되어 교황
이 나이를 먹어가면서 점점 굳어져 갔다. 11세기 베네딕트회의
무성의한 연대기 편찬자 라둘푸스 글라버Radulfus Glaber는 자신의
작품 『기독교 교회사History of the Christian Church』 제4권에서, 열 살
이나 열두 살 나이의 소년이 베네딕트 9세라는 이름으로 교황의
보위에 올랐다고 주장한다. 베네딕트 9세가 교황에 즉위한 1032
년에 글라버의 나이는 쉰 전후였을 것이므로, 높은 지위에 오른
젊은이가 실제보다 더 젊게 생각되었을 수도 있다.

베네딕트 9세는 역사상 가장 나이 어린 교황은 아니었을지라
도, 세 차례나 교황에 즉위했다. 하지만 교황 자리를 팔아넘겼던
유일한 교황이라는 악명의 주인공이기도 하다.

이 이야기는 이렇게 시작된다. 베네딕트의 삼촌인 교황 요한
19세가 사망하자, 베네딕트의 아버지 알버릭 3세Alberic III(당시의
권력자였다)는 교황 선출권을 가진 인물들에게 뇌물을 주면서 그

의 아들이 교황이 되도록 배후에서 조정했다. 교황이 된 후 베네딕트의 행동을 보면, 그가 교황이 될 자격이 있는 사람인지가 의심스럽다. 켈리는, 전해진 이야기들이 어느 정도 과장되었을 가능성이 크지만, 베네딕트의 사생활은 말로 표현하기 힘들 만큼 난폭하고 방종했다고 기록하고 있다. 『가톨릭 백과사전』은 베네딕트가 교황 자리를 팔아넘긴 일을 후회하면서 교황 그레고리 6세Pope Gregory VI를 교황 자리에서 끌어내리기 위해 공작을 벌였다고 묘사하고 있다. 그 같은 공작의 결과, 1046년 새로운 교황 클레멘트 2세Clement II가 즉위했다. 『브리태니커 백과사전』의 설명에 따르면, 교황 클레멘트 2세가 사망하고 1년 후에 베네딕트가 다시 교황의 자리에 올랐고, 이로써 세 차례 교황을 역임하는 기록을 세웠다는 것이다. 그러나 1048년 베네딕트는 로마로부터 축출됐고, 교황 다마수스 2세Pope Damasus II가 그 자리를 차지했다.

그렇다면 최연소 교황이란 타이틀의 주인공은 누구일까? 바로 요한 12세로, 955년 열여덟의 나이로 교황의 자리에 올랐다. 하지만 역대 교황 중 가장 돈을 밝힌 교황이란 타이틀은 당연히 베네딕트 9세의 몫이다.

••• 다윗의 별은 고대 히브리인들의 상징이다?

다윗의 별은 두 개의 등변 삼각형을 겹쳐 놓은 모양으로, 여섯 개의 꼭짓점을 가지고 있다. 다윗의 별은 '다윗의 방패' 혹은 '모겐 다윗magen David'이라고도 알려져 있으나, 그 유래는 정확하지 않다. 이것이 유대주의의 보편적 상징으로 쓰이게 된 것은, 예상과는 달리 그리 오래된 일이 아니다. 기록들로 살펴보자면, 그 시기는 대략 19세기 들어서인 것으로 판단된다. 『맥밀런 백과사전 Macmillan Encyclopedia』은 다윗의 별이 고대로부터 장식이나 마법기호로 널리 사용됐다고 밝히고 있고, 『세계 종교 백과사전』은 그 상징이 성경이나 탈무드와 같은 권위를 갖고 있지는 않다고 설명한다.

『유대인 백과사전Jewish Encyclopedia』의 설명도 들어보자. '다윗의 방패는 랍비들이 쓴 문헌에서 언급된 적이 없다. 그것은 유대교 회당의 건축적 장식 요소로 채택되었을 것이다. 실제로도 브란덴부르크 성당, 슈텐달 성당, 하노버에 있는 마르크트키르혜 성당에서 사용 예를 찾아볼 수 있다.' 『유대교의 신화와 현실Myth and Reality of Judaism』이란 책에서 랍비인 시몬 글루스트롬은 이렇게 주장한다. '대부분 유대교 회당의 내외부에 다윗의 별이 장식되어 있다고 해도, 그것은 예술적 의미가 있을 뿐, 특별한 종교적 중요성은 없다. 그 상징은 건물이 유대인의 것임을 알려주는 역

할을 할 뿐이다.'

글루스트롬은 1354년 다윗의 별이 유대교와 관련해 처음으로 사용됐다고 한다. 찰스 4세가 프라하의 유대인 공동체에게 자기들만의 깃발을 사용할 수 있도록 승인했는데, 그때 사용된 별이 그려진 깃발이 나중에 '다윗 왕의 깃발'로 불리게 됐다는 것이다. 별이 상징으로 채택된 이유는, 다윗 왕이 자신의 방패에 그 별 모양을 사용했다고 전해지기 때문이다. 『맥밀런 백과사전』은 17세기에 들어서야 그 별이 유대인의 상징으로 인식되기 시작했다고 한다. 『세계 종교 백과사전』은 거의 대부분의 유대인이 그것을 유대교의 상징으로 받아들이게 된 것은 19세기라고 한다. 어쨌든 1948년 시오니스트 운동가들은 다윗의 별을 이스라엘 국기의 공식 휘장으로 채택했다.

❖ 당신은 언제나 옳습니다. 그대의 삶을 응원합니다. — **라의눈 출판그룹**

초판 1쇄 | 2015년 8월 20일

지은이 | 안드레아 배럼
옮긴이 | 장은재
발행인 | 설응도
발행처 | 라의눈

편집장 | 김지현
마케팅 | 김홍석
경영지원 | 설효섭

용지 | 서림물산
인쇄 | 대덕문화사

출판등록 | 2014년 1월 13일(제2014-000011호)
주소 | 서울시 서초구 서초중앙로29길 26(반포동) 낙강빌딩 2층
전화번호 | 02-466-1283
팩스번호 | 02-466-1301
e-mail | eyeofrabooks@gmail.com

ISBN : 979-11-86039-38-0

＊잘못 만들어진 책은 구입처나 본사에서 교환해 드립니다.
＊책값은 뒤표지에 있습니다.
＊라의눈에서는 독자 여러분의 소중한 아이디어와 원고 투고를 기다리고 있습니다.